KB210193

A Practical, hands–On Guide

Dialogue
for difficult subjects

Lisa Schirch & David Campt

어려운 주제를 다루는 대화 직면하기

공동체를 세우는 대화기술

리사 셔크 · 데이비드 캠트 지음
진선미 옮김

정의와 평화 실천 시리즈

공동체를 세우는 대화기술
-어려운 주제를 다루는 대화 직면하기

지은이	리사 셔크, 데이비드 캠트
옮긴이	진선미
초판	2020년 4월 13일
펴낸이	배용하
책임편집	배용하
등록	제364-2008-000013호
펴낸곳	도서출판 대장간
	www.daejanggan.org
등록한곳	충남 논산시 매죽헌로 1176번길 8-54, 101호
대표전화	전화 041-742-1424 전송 0303-0959-1424
분류	대화 | 갈등해결
ISBN	978-89-7071-509-4 03330
CIP제어번호	CIP2020007587

값 8,000원

차례

추천사

우리 속담에 "말 한마디에 천 냥 빚을 갚는다"라는 표현이 있다. 관계형성을 위한 대화의 비중을 단적으로 표현하는 말이다. 대화로 인해 문제가 유발되기도 하지만 대화를 통해 문제를 해결하기도 한다. 이와 같은 맥락에서, 대화는 모든 관계의 기초이다. 가까운 관계든 소원한 관계든 대화로 소통을 이어가게 된다. 대화는 각자의 생각과 느낌을 나타내는 언어적 표현으로서 어떤 주제에 관한 공통된 의견을 주고받을 때나 상반된 의견을 나눌 때 필요하다.

특히 어려운 관계일수록 대화가 지니는 중요성은 심대하며 기술적으로도 많은 주의가 요청된다. 대화야말로 갈등을 조정하고 전환하고 해결하는 데 없어서는 안될 중요한 '도구'이다. 그러나 많은 이들이 이 '도구'의 사용법을 제대로 숙지하지 않아 관계를 유지하거나 발전시키는데 어려움을 겪고 있다.

리사 셔크는Lisa Schirch 『공동체를 세우는 대화기술』에서 대화라는 도구의 사용 목적과 사용법을 자세하게 소개한다. 평화구축과 갈등전환의 한 방법으로서 대화는, 그 출발점과 진행과정 그리고 결과를 도출해 내는 유용한 수단으로 소개되고 있다. 대화는 그 동기와 환경에 따라 지속적인 소통을 가능케 하기도 하는데, 리사 셔크는 이를 위한 대화의 목적과 질적 양적 시도의 다양한 기능을 소개하고 있다. 또한 긍정적 효과를 위해 대화의 지적, 감성적, 영성적 측면의 성찰을 주의 깊게 모색하고 있다.

또한, 이 책은 우리에게 현대사회 안에서 미디어의 발달로 다양한 쌍방의 커뮤니케이션 수단이 사용되고 있지만, 인격을 내 건 대화만큼 효과적인 소통방식이 없다는 것을 상기시킨다. 그와 동시에 대화가 평화를 세우는 일에 중요한 시금석이라는 점을 역설하고 있다.

리사 셔크는 이스턴 메노나이트 정의평화대학원에서 평화와 갈등전환을 가르치는 교수이며, 미국의 안보 정책결정에서 갈등예방과 평화구축을 도모하는 단체인 3D 안보 이니셔티브3D Security Initiative, www.3Dsecurity.org의 프로그램 책임자이기도 하다. 매년 여름학기에 그녀의 강의를 수강하기 위해 세계도처에서 현장 활동가들이 SPI EMU에 모인다. 리사 셔크는 전쟁과 분쟁지역에 투신하여 현장에서 일어나는 문제의 요인을 분석하고 실마리를 찾아내어 그 해결책을 모색하는 실천가로도 널리 알려져 있다. 그녀의 까다로운 상대인 미 군부나 정치적 적성국가들과의 관계에도 공정하고 정의로운 대화를 통해 관계개선을 유도하고 있다.

본인도 2011년과 2012년 사이 정의평화대학원에서 리사 셔크의 "전략적 평화구축"과 "평화구축과 공공정책" 과목을 수강할 수 있었던 것은 행운이라고 생각한다. 리사 셔크의 갈등분석과 전환에 대한 예리하면서도 깊은 통찰은 마치 '태풍의 눈'처럼 나에게 조용한 반향을 불러일으켰다.

리사 셔크는 『공동체를 세우는 대화기술』 외에도, 『전략적 평화세우기』KAP, 2014 『갈등평가와 평화 만들기 계획 *Conflict Assessment & Peacebuilding Planning*』, 『평화구축을 위한 예식과 상징 *Ritual and Symbol in Peacebuilding*』등 많은 실천 지침서들을 저술하였다. 이 정의와 평화 실천시리즈는 평화학과 갈등전환학을 전공하는데 필수적으로 선택하는 도서들이다.

이번에 『공동체를 세우는 대화기술』을 번역하고 국내에 소개해 준 진선미씨는 미국에서 국제관계를 전공하고 남북관계, 위안부 문제, 국내 이민법과 같은 민감한 문제에 대해 다양한 사람들과의 대화를 시도하면서 대화가 얼마나 중요한지 잘 알고 있다.

번역본의 출간을 축하 드리며, 현장에서 평화구축에 힘쓰고 있는 분들에게 많은 도움이 될 것으로 기대하며 이 도서를 추천한다.

2014. 11. 11.

김영애

새우리누리 평화운동 대표

감사의 글

먼저, 인종, 경제, 사법권과 같은 주제에 대해 공동 대화 시리즈를 출간할 수 있도록 기회를 마련해 준 버지니아주 리치먼드시 "도시의 희망"Hope in the Cities: HIC에 감사의 마음을 전합니다. 기관으로서 HIC의 가치와 목표는 우리에게 많은 영감을 주었고 HIC와 함께 할 수 있었던 것에 감사할 따름입니다.

리사: 이스턴 메노나이트 대학Eastern Mennonite University: EMU 정의-평화 구축 센터의 제자들과 동료들에게 감사를 표합니다. EMU에서 다양한 이슈들에 관해 많은 회의를 진행해 온 지난 10년 동안, 동료들은 대화 진행자로서 내가 더욱 성숙할 수 있도록 의미 있는 조언을 해주었습니다. 나는 어렵고 민감한 주제의 대화에 직접 참여하였고, 동료들이 대화를 이끌어 가는 모습을 관찰하며 많은 것을 배웠습니다. 이런 과정을 통해 그들로부터 내가 알고 있는 것, 모르는 것, 내가 잘하는 것, 내가 향상시켜야 하는 것이 무엇인지 좀 더 솔직하게 인정하는 법을 배웠습니다. 이렇게 자신을 들여다볼 수 있는 소양을 길러준 동료들에게 감사를 전합니다.

데이비드: 나의 리더쉽 기량을 발전시킬 수 있도록 기회를 준 아메리카 스피크스AmericaSpeaks의 동료들을 비롯하여 다른 많은 이들에게 감사를 전하고 싶습니다. 크리켓 화이트Criket White, 매니 브랜트Manny Brandt, 그리고 티오 브라운Theo Brown은 친절한 격려를 통해 나에게 용기를 북돋워 주었습니다. 그들의 동료애 없이는 내가 이 책의 공동저자가 될 수 없었을 것입니다. 그들은 내가 대화에 대해 더 배우고 더 많은 것을 시도해 보도록 격려해 주었습니다. 또한, 책을 쓰는 동안 정신적으로 지치지 않도록 자신만의 방식으로 나에게 많은 도움을 준 모니키 포트베리Moniqie Forteberry와 엔고지 로빈슨Ngozi Robinson에게도 특별한 감사를 표합니다. 마지막으로 부모님 제임스James와 제럴딘Geraldine 없이 나는 아무 것도 - 특히 대화에 대한 나의 열정 - 이루지 못했을 것입니다.

1. 대화란?

　대부분 우리는 명절 가족 모임에서 종교, 정치, 시사 이슈를 이야기하던 중 상반된 의견으로 인해 심기가 불편해졌던 기억이 있을 것이다. 또는 회의나 주일 학교 교실에 갔다가 참여자들 사이에서 분위기가 격앙된 경험이 있을 것이다. 그렇다면, 사람들이 어떤 특정한 주제에 대해서 편하게 이야기하는 일은 정말 불가능한 일일까?

　사실, 대화란 긴장감 가득한 주제들에 대해 이야기 하는 하나의 과정이며 가족, 소그룹, 사업, 공동체, 조직, 그리고 국내 또는 국제적 갈등을 해결하는 유용한 도구이다.

　놀랍게도, 많은 사람은 좀 더 나은 방식으로 대화하고 싶어한다. 한 예로 2001년 9월 11일의 비극 이후, 미국 내 여러 지역 공동체들은 함께 모여 자신의 삶에 그 비극이 어떻게 영향을 미쳤는지 토론하고 그들의 공동체 안에서 무슬림들을 향한 보복성 폭력을 함께 막는 방법을 모색했다. 또한, 빠르게 발전하는 지역의 공동체들은 도시계획과 개발에 있어 중요한 가치들을 인식하고 확립하기 위해 대화를 시도하고 있다. 이렇듯, 사람들은 동성애를 바라보는 종교적 차이, 청소년 비만과 같은 지역 내 문제, 또는 지역 주민들 간의 인종 분열에 대한 소통을 돕기 위해 대화한다. 그뿐만 아니라, 전쟁 지역에서 외교관들은 민간인들에게 행해지는 폭력을 끝내기 위한 정치적 해결법을 탐색하는 방법으로 대화를 사용하고 있다.

위의 내용은 오랜 시간 지속된 극심한 분열이나 상처를 치유하기 위해, 우리 주변에 도사리고 있는 폭력을 방지하고, 관련 정책 결정에 대한 논의를 위해, 또는 공동체가 겪고 있는 어려움을 제기하는 방법으로 대화가 어떻게 사용되는지 보여주는 예들이다. 이렇듯 사람들이 대화를 선호하는 이유는 다른 형태의 소통방식이 어렵고 민감한 주제들에 대한 토론을 위해 필수적으로 요구되는 소통체계 또는 안전함을 제공하는 데 실패했기 때문이다. 대화는 공동체가 직면한 난제들을 창의적으로 해결하도록 도우며, 문제의 해답을 건설적으로 모색하는 과정에서 서로 소통하도록 돕는다. 따라서 어려운 문제를 풀거나 주제를 다루는 당사자들의 관계를 전환하기 위해 대화는 꼭 필요하다.

대화: 다른 종류의 소통방식

대화의 정의는 무궁무진하다. 대중적인 의미에서 보면 대화는 거의 모든 종류의 언어적 교환이라고 할 수 있다. 라틴어의 어원에 따르면, 대화는 갈등 선상에서 마주하는 사람이나 잠재적 갈등 상황에 있는 두 명 이상의 사람들이 나누는 담화conversation를 말한다. 그렇지만, 이 책에서 대화라는 용어는 더욱 구체적인 의미를 지닌다.

대화는 소통의 한 과정이며 공통의 관심사에 대한 경험과 생각 그리고 정보를 공유하면서 사람 사이의 관계 형성을 목적으로 한다. 또한, 대화는 다양한 그룹의 사람들이 자신들의 상황에서 더 새롭고 더 폭넓은 이해를 만들어 내고자 시도하는 과정이며, 그 과정에서 각 그룹들이 더 많은 정보를 얻고 다양한 관점을 경험할 수 있도록 돕는다.

> 대화는 공통된 관심사에 대해 이야기 하며 관계 형성을 목적으로 한다.

대화를 정의하는 한 가지 방법은 우리가 자주 사용하는 다른 중요한 소통방식들과 비교해보는 것이다. 그 이유는 *대화*dialogue가 *담화*conversation, *토론*discussion, *훈련*training이나 *교육*education, 그리고 *논쟁*debate과 다르기 때문이다.

*담화*conversation를 통해 사람들은 자신을 표현하려는 기본적인

목적을 위해 정보와 사고를 교류한다. 그러나 다른 이의 시각을 이해하거나 변화시키는 설득에는 이러한 정보와 사고의 교환이 필요하지 않을 수도 있다. 담화에 필요한 정보와 사고의 교류와는 다르게, 대화에는 특정한 이슈에 대한 참여자의 이해를 넓힌다는 구체적인 목표가 있다.

토론discussion을 통해 사람들은 문제를 해결하거나 어떤 과제를 수행하기 위해 정보와 사고를 교환한다. 물론 대화를 하는 도중에도 우리가 당면한 문제를 해결하기 위한 후속적 과제들을 자연스럽게 발견하기도 하지만, 대화의 목적은 토론처럼 그 과제를 즉각 처리하려는 것이 아니다.

훈련training은 사람들이 무언가를 배울 수 있도록 도우며, 일반적으로 훈련 지식은 훈련자로부터 학생에게 전달된다. 대화를 통해서도 배움이 발생하기는 하지만, 훈련과는 달리, 상호적인 사고의 교류를 통해 배움이 이루어진다. 즉, 대화는 대화 참여자 간의 의견 교환을 통해서 상황에 대해 새롭고 종합적인 이해를 유도한다.

논쟁debate은 승자와 패자가 있는 경쟁적 대화인데 "논쟁"이라는 용어는 다양한 이미지를 떠오르게 한다. 상대의 논쟁보다 더 지적으로 보이려는 학술적 쟁의, 유권자의 투표를 얻기 위해 경쟁하는 정치가들, 또는 저녁 식탁에서의 열띤 토론과 같은 이미지들을 떠

올릴 수 있다. 논쟁문화는 세계 곳곳에서 볼 수 있다.[1] 또한, 논쟁에서, 참가자들은 상대방의 주장에서 잘못된 점이나 부족한 부분을 찾기 위해 상대의 이야기를 듣는다. 다시 말해, 논쟁의 주된 의도는 상대방 주장의 결함을 찾고, 그 결함을 노출하고, 허점을 찌르기 위함이다. 따라서 많은 이들은 대화를 논쟁의 반대로 여긴다.

*대화*Dialogue는 사실 독특한 소통과정이다. 대화에 참여하는 사람들은 의도적으로 상대방에 대한 이해를 넓히기 위해 잘 '듣기' 때문이다. 따라서, 대화가 효과적일 때는 타인의 이야기로부터 옳고, 진실하며, 통찰력 있는 부분을 잘 들을 때이다. 듣는 사람은 그들이 동의할 수 있는 생각을 찾으려 하거나 진실의 한쪽 면보다는 전체를 볼 수 있도록 말하는 사람의 생각과 자신의 생각을 통합해 보려고 한다. 18쪽의 표에서 대화와 논쟁의 근본적 차이 몇 가지를 볼 수 있다.

가장 순수한 의미에서, 대화는 다른 형태의 소통방식과 다르다. 그러나 다른 소통방식들이 대화의 요소를 내포할 수도 있다. 소통은 다양한 방법을 넘나들며 이뤄진다. 좋은 대화에는 담화의 느긋한 특징, 집중적인 훈련, 또는 논쟁의 열정과 활력, 그리고 심지어 격앙된 감정까지도 함께 어우러져 있다.

---

1) Deborah Tannen, *The Argument Culture: Moving from Debate to Dialogue* (New York: Random House, 1998).

이 책은 뚜렷한 계획과 목적을 가진 대화기술에 대한 책이다. 그러나 두 명 이상이 함께 하는 거의 모든 타입의 담화에 대화의 본질 - 경청, 배우려는 자세, 신뢰형성을 위한 경험 공유 등 - 을 접목할 수 있다는 점을 유념했으면 한다. 마찬가지로 명절날 가족과 함께 하는 저녁 식사, 회의, 또는 담화가 다툼으로 번지기보다는 대화로 전개될 수 있도록 누구나 대화기술을 활용하면 좋을 것이다.

대화: 무엇이 대화를 특별하게 만드는가?

안내자가 있는 과정

다양한 경험과 믿음을 가지고 있는 사람들이 효과적으로 대화하기 위해서는 대개 진행자의 지도가 필수적이다. 대화를 이끄는 진행자는 다른 형태의 소통방식과 대화의 차이가 무엇인지 확실하게 만든다. 진행자들은 대화 참여자들이 서로 경청하고 함께 협동할 수 있도록 기본원칙 또는 대화지침을 세움으로써 안전한 공간을 제공한다. 대화 진행자는 누가 옳은지 그른지를 결정하거나 "승자"를 공표하는 토론의 사회자와는 다르게 대화를 이끈다. 대화를 진행하는 데 필요한 중요한 사항들은 6장에서 자세히 살펴볼 것이다.

논쟁	대화
자신의 관점은 부각시키고 상대의 관점을 폄하함으로써 대화에서 "이기는 것"이 목적이다.	다른 관점을 이해하고 다른 이의 관점을 배우려는 것이 목적이다.
상대방의 주장에서 결함을 찾기 위해 듣는다.	상대방의 경험이 어떻게 그 사람의 신념에 영향을 미쳤는지 이해하기 위해서 듣는다.
상대방의 경험이 왜곡되었거나 타당하지 못하다고 비판한다.	상대방의 경험을 진실되며 타당한 것으로 받아들인다.
참여자들은 이슈에 대한 자신의 의견을 고수하려는 강한 의지를 보인다.	참여자들은 이슈에 대한 자신의 이해를 어느 정도 넓히려는 태도를 보인다.
상대방의 동기와 입장에 대한 추측을 바탕으로 말한다.	주로 자신이 이해한 것과 경험을 바탕으로 말한다.
참여자들은 서로 반대 입장을 취하고 상대가 옳지 않다는 것을 입증하려고한다.	참여자들은 공통의 이해를 위해 협력한다.
상대방이 겁을 먹게끔 분노와 같은 격한 감정들을 사용한다.	경험이나 믿음의 강렬함을 전달하기 위해 분노와 슬픔과 같은 격한 감정들을 사용한다.

배우고 변화하려는 의지

배우고 변화하려는 의지는 대화의 특징을 가장 정확하게 보여준다. 또한, 대화에 참여한 사람들이 배움과 변화에 열려 있을 때 가장 효과적인 대화가 이루어진다. 따라서 대화 진행자의 역할은 참여자들이 이러한 태도를 보일 수 있도록 격려하는 데에 있다.

사람들 대부분은 의식적으로든 무의식적으로든 자신들이 따르는 특정한 방식의 믿음 또는 행동만이 옳다고 단정 짓는다. 따라서 어떤 사람들은 다른 믿음을 가진 사람들에게서 배울 점을 찾도록 권유하는 대화를 석연치 않아 한다. 그러나 여기서 한 가지 중요한 것은 사람들이 그들 스스로 모든 진실을 알고 있다고 생각하는 순간, 다른 이의 이야기에 귀를 기울일 이유가 없어진다는 것이다.

대화는 다른 믿음을 가진 사람들에게서 배우려는 태도와 의지가 필요하다.

그러므로 대화는 참여자들이 호기심, 서로에 대한 궁금증, 다른 사람 또는 자신의 경험에 대해 더 배우고 싶은 바람을 지녔을 때 가장 긍정적인 효과를 만들 수 있다. 그리고 대화는 한 개인 또는 한 조직이 모든 진실을 알고 있으며 그것을 대변하는 듯한 자세를 겸손히 내려놓을 때 성공적일 수 있다. 겸손함이 대화의 필수조건으로 자리할 때, 대화 참여자들은 서로 경청하고, 서로에게서 배우며, 함께 이야기하고, 협동하는 과정이 자신들에게 이익이 된다는 것을 인정하게 된다. 이러한 이해를 바탕으로, 대화를 통해 참여자들은 특정한 이슈에 대한 자신의 사고방식이 자신의 경험, 나이, 사회계급, 종교, 인종, 지역, 성별과 같은 다른 요소들에 의해 형성되었다는 것을 깨닫게 된다.

다른 이에게서 배우려는 열린 자세는 사람들이 서로 비슷한 점과 다른 점에 대해 솔직해질 수 있는 공간을 만드는 데 일조한다. 대화의 과정에서, 참여자들은 다른 이를 존중하는 마음으로 경청하고, 배우며, 다른 이들의 경험을 공유하도록 안내를 받는다.

어느 대화 이야기

1999년 우리는 "도시의 희망"HIC과 함께 대화를 진행하기 시작했다. HIC는 버지니아주 리치먼드시에 위치한 비영리기관으로서 모두를 포용하는 정의로운 지역사회 만들기에 헌신하고 있다.2) 리치먼드는 구조적으로 노예제가 깊숙이 자리해있기 때문에 오랫동안 지속된 사회적 분열을 회복하는 데 대화가 이상적인 곳이었다. 그리고 아프리카계 미국인 데이비드와 백인 여성인 리사, 우리 둘은 두 인종이 협력 가능하다는 것을 보여주고자 함께 진행을 맡았다.

2001년 우리는 리치먼드에 사는 여러 인종의 사람들이 함께할 수 있는 주말 대화 연수회를 기획하고 지도했다. 한 달에 한 번씩 총 20명의 흑인, 백인, 라틴인, 아시아인들이 참여한 이 연수회는 수년 동안 계속되었다. 다양한 인종의 사람들이 연수 센터에 모여

---

2) 국제 기구인 Hope in the Cities는 1990년 초부터 북미와 유럽의 여러 도시에서 인종, 경제, 사법권에 대한 대화를 시작했다. www.iofc.org/en/programmes/hic

함께 식사하고 쉼터나 정원에서 휴식을 취하기도 했다. 아름다운 장관을 함께 감상하기도 했고 형식이 짜인 대화와 자유로운 대화에도 참여했다. 이 연수센터 건물은 미국의 남북전쟁 당시 병원으로 사용되었는데, 이곳에서 수녀들은 남부와 북부의 병사를 모두 치료했다고 한다. 그러한 점에서, 이 센터는 도시의 인종, 경제적, 정치적 갈등에 대한 솔직한 대화를 갖기에 아주 적절한 곳이었다.

　주말 대화 연수는 한 세션 당 두, 세 시간이 소요되었고, 그 당시 전국적으로 시행되고 있었던 인종화해 프로젝트들과는 매우 다른 독특한 방식으로 진행되었다. 우리가 고안한 이 대화 연수 모델을 통해 참가자 간의 심도있는 관계 형성이 가능했고, 관계 형성은 더 큰 변화를 촉발시켰다. 관계를 바탕으로 형성된 안전하고 포용하는 환경에서 격식을 차리지 않고 편하게 함께 먹고, 마시며, 걷고 휴식하는 것들이 - 기도시간까지도 - 참여자들로 하여금 인종, 계급, 정치와 같은 이슈들에 대한 자신들의 시각을 전환할 수 있도록 도왔다. 궁극적으로, 참여자들 사이에서 경제적 또는 인종의 다름이 그들의 공동체 내에서 변화를 불러일으키는 촉매제가 되었다.

　이 연수에서 사용했던 접근방식은 다른 많은 대화 진행법 중 한 가지 모델일 뿐이다. 다음 장에서는 대화가 어떻게 효과적인지, 대화 기획, 홍보, 진행하는 법, 그리고 대화를 행동으로 발전시키는 법을 모색해 볼 것이다. 또한, 대화의 다양한 측면을 설명하면서 우리가 경험했던 여러 간략한 예들을 정리해 놓았다.

이 책을 통해 집, 직장, 공동체 등 각각의 상황에서 활용할 수 있는 적절한 대화법이 무엇인지 알게 될 것이다. 몇 가지 간단한 대화 진행 기술을 습득한다면, 누구나 과격한 논쟁이나 담화에도 대화적 요소들을 접목시킬 수 있다. 상대방의 믿음과 의견 그 자체에 집중하는 것이 아니라, 그 믿음과 의견이 형성되는데 영향을 미친 삶의 경험들에 대해 이야기하는 것이 중요하다. 또한, 이런 과정을 통해 누구나 상반되는 의견에서도 공통점 또는 유사점을 보여줄 수 있다. 마찬가지로 누구나 서로 경청할 수 있는 분위기를 조성할 수 있다.

이와 같은 맥락에서, 이 정의와 평화시리즈는 대화 진행자뿐 아니라 대화에 참여하는 모든 사람에게 유용한 자료가 될 것이다. 세계화는 다양한 사람들을 급속히 상호의존적으로 만들고 있으며, 효과적인 소통을 필요로 한다. 더 나은 소통은 더 나은 이해를 낳을 것이며 서로를 존중하며 함께 일하며 사는 최적의 기회를 마련해줄 것이다.

2. 대화의 효과는 무엇인가?

대화는 개인과 공동체에 많은 이익을 제공하며, 구별되지만 서로 밀접한 연관이 있는 인간의 세 가지 부분 즉 *지성*, *감정*, 그리고 **영혼**에 영향을 미친다. 이 세 가지 측면에 모두 충실할 때 가장 효과적인 대화를 기대할 수 있다.

지성

사람들은 대화를 통해 세상을 바라보는 다양한 견해를 접한다. 다시 말해, 이전에 가지고 있던 특정한 이슈, 사건, 또는 집단에 대한 생각의 문을 다시 두드려보게 된다. 이것이 가능한 이유는 대화의 특성상, 자신의 것과는 다른 세계관이나 다른 경험에 대해 들어보고 여러 질문을 던져 볼 수 있는 열린 환경이 갖춰지기 때문이다. 이러한 과정에서, 우리는 이전에 동의하지 않았던 새로운 관점의 타당성을 이해하게 되고, 결과적으로 이슈를 더 깊이 이해하게 된

다. 이는, 환경운동가들과 목장주인들이 토지 사용에 관한 대화를
할 때, 서로의 관심사는 무엇이며 서로에게 필요한 것은 무엇인지
알게 되는 것과 마찬가지다.

감성

대화는 자기 자신과 다른 이들을 감성적으로 이해할 수 있도록
도우며 사람들 마음속에 열정을 불러 일으키고 행동할 수 있도록
동기를 부여한다. 때때로 대화는, 특정한 개인이나 그룹이 무의식
적으로 느꼈던 분노를 인식하고 이해하는 계기가 되기도 한다.이
렇게 효과적인 대화는 사람들의 공감하는 능력을 향상시키고, 변
화를 이끌어 낼수 있도록 직접 행동하게 만든다.

어떤 목적을 가지고 대화에 임한 국제결혼을 한 부부의 예를 들
어보자. 대화는 상대방의 정서적 욕구가 어떻게 발전해 왔는지, 그
맥락을 이해할 수 있도록 돕는다. 말다툼이 끝난 후, 부부 중 한 명
이 감정의 안정을 위해 혼자만의 시간이나 자신을 되돌아볼 시간이
필요할 때, 다른 한 명은 문제를 가능한 한 빨리 해결하고 싶어할 수
도 있다. 이러한 상황에서도 대화는 감성의 서로 다른 배경을 이해
할 수 있도록 도우며, 그 이해를 바탕으로 상대방의 욕구가 무엇인
지 새로운 방식으로 소통을 시도해보도록 동기를 부여할 수 있다.

영혼

대화 진행자는 모든 대화 참여자들에게 최소한의 인간적 배려와 관심을 보인다. 대화의 특성상 이러한 배려와 관심이 새로운 것은 아니지만, 요즘 사회에서, 특히나 잘 모르는 사람들과의 관계에서는 흔한 일은 아니다. 따라서 대화의 과정에서 깊은 배려와 관심을 경험하면, 공동체 유대감은 더욱 발전한다.

또한, 몇몇 종교적인 사람들은 참여자들의 공감을 얻기 위해 "신은 우리와 함께하고 계십니다."라고 말하기도 한다. 어떤 대화 참여자는 대화가 어떻게 우리 인류의 가슴 깊은 곳까지 울림을 주는지 묘사하면서, 대화 진행자의 역할에 대해 이렇게 말했다. "진행자들은 마치 사람들의 영혼의 상처가 아물도록 수술을 하는 것 같아요."

대화는 어떻게 개인에게 영향을 미칠까?

대화는 본질적이고 지속적인 방법으로 사람들의 삶에 영향을 미친다. 심각한 정신적 충격 또는 갈등으로 고통받았던 어떤 이들이 수년 동안 심도 있는 대화를 함께했다. 그들은 대화를 통해 얻은 경험들이 그들 자신에게 얼마나 많은 변화를 가져다주었는지 이야기하곤 했다. 어떤 경우에는, 이러한 변화에 감동하여 대화하며 논의했던 특정한 이슈를 더 잘 알리기 위해 자신의 직업을 바꾸기도 한다. 그렇다면 대화에 참여한 사람들이 경험하는 것은 무엇일까?

개인적 성찰과 명확한 이해

대화의 주된 목적은 참여자가 자신의 관점, 가치, 사고방식, 편견에 대해 더 깊이 통찰하도록 돕는 것이다. 사람들 대부분은 자신의 고유한 삶의 경험들이 그들의 믿음과 행동하는 방식에 얼마나 영향을 미치는지 알지 못한다. 다시 말해, 개인의 경험을 통해서, 무엇이 "진실"이고, "옳은" 것이며, "좋은" 것인지에 대한 관점이 각기 달라진다는 것이다. 다른 관점 또는 "세계관" - 세계를 바라보는 방식 - 은 공동체 내에 불화의 요인이 되거나 개인의 내면 또는 공동체 내의 갈등을 유발하기도 한다. 따라서 대화가 성공적으로 진행되었다면, 대화가 끝날 때 즈음, 참여자들은 자기 고유의 경험이 자신의 관점을 확립시키는 데 그리고 자신의 경험을 바라보고 해석하는 데 어떤 영향을 주는지 좀 더 정확한 이해를 얻을 수 있을 것이다.

대화는 참여자들로 하여금 자기 자신의 시각을 통찰할 수 있도록 돕는다.

십대 자녀와 부모 간의 대화에서, 한 어머니는 딸이 칭찬을 해달라며 "너무 징징 댄다"는 불평을 털어놓았다. 그러나 대화와 자기성찰을 통해, 그 어머니는 딸이 그렇게 칭찬을 원하는 이유가 어머니 자신이 자라 온 방식에 있었다는 사실을 깨닫게 되었다. 사실, 그녀는 자신의 어머니로부터 자녀에게 칭찬하는 것은 부모의 권위를 떨어뜨리는 것이라고 배워왔다. 이것은 대화를 통해 한 개인이 처한 어려움 속에서 자신이 해결해야 할 부분이 무엇인지 알게 된 예이다. 이러한 자기성찰의 과정은 또 다른 변화를 이끌어 낼 수 있다.

다른 이를 위한 공감

사람들은 자신과 비슷하다고 느끼는 다른 누군가와 함께 있기를 원한다. 마찬가지로, 어떤 사람이나 그룹과 큰 이질감을 느낄 때, 사람들은 "우리"를 "그들"과 구별짓는 경계선을 만든다. 자신과 다르다고 느끼는 사람들과 만나고 교류하는 사람들이 줄어들수록, 서로를 낯설게 느끼거나 혹은 잘못되었다고 생각하거나 심지어 악으로 규정해버리는 사람들이 더욱 많아 질 수 있다. 대화의 근본적인 목적은 각각의 사람들이 현실을 다르게 바라보는 이유를 잠재적으로 이해할 수 있도록 참여자들의 삶의 경험과 시각을 다각적으로 배우는 데 있다.

인종적 분열이 있는 피지섬Fiji Islands에서, 원주민 리더들은 본래 인도에서 건너온 인도계 사업자들과 인도계 공동체 리더들과 함께 자주 갈등을 겪었다. 이런 긴장상태는 몇 번의 정치 쿠데타로 분출되기도 했다. 국가적 차원의 인종 간 평화 대화를 피지에서 개최했을 때, 참여자들은 자신들이 지금 필요한 것과 이 긴장상태를 평화적으로 해결할 방법을 모색하였고 관심을 공유했다. 그 과정에서 사람들은 다른 이들의 경험을 공감할 수 있게 되었으며, 대화를 시작하기 이전에는 몰랐던 비슷한 점이 존재한다는 사실을 발견했다. 대화는 피지 원주민들과 인도계 피지인들이 몇 번의 폭력적인 정치 쿠데타를 겪으며 살아왔던 그들의 경험을 공유할 수 있도록 여건을 제공해주었다. 또한, 두 그룹의 사람들이 정치적 혼란이 가져온 불안과 긴장에 대해서 함께 이야기를 나누게 되었다. 갈등으로 어려웠던 시기에 대한 대화가 사람들에게 공동체 의식과 공통된 역사의식을 불러일으켰다.3)

이해의 증진

대화에서 가장 중요한 점은 지금 그 사람들이 품고 있는 신념을 고수하려고 하는 이유를 이야기를 통해 이해하는 것이다. 어떤 이들은 진실을 측정하는 데 있어서 한 개인의 이야기보다 신문이나 연구를 통해 만들어진 사실 또는 보고서를 더 객관적이라고 여긴다. 그러나 대화에 참여하면서, 참여자들은 그 두 종류의 지식이 모두 가치가 있으며 둘 중 그 어느 것도 완전히 객관적이지 않다는 사

---

3) 리사 셔크는 2001년 9월 22일~24일에 피지의 수바에서 이 대화를 진행하였다.

실을 이해할 수 있게 된다.

대화는 어떤 주제를 이해하는 데 있어 "객관적인 사실"과 개인의 이야기 모두에 가치를 둔다.

리치먼드에서 행해진 다인종 대화 참여자들은 자신의 삶, 특히 그들이 사는 지역 내에서 경험한 경제, 인종, 사법적 차별에 대해 성찰해 보았다. 시간이 지나면서, 도시의 경제적, 정치적 분열에 미치는 인종차별과 그 차별의 영향을 이해하는 참여자들의 관점에 눈에 띄는 변화가 일어나기 시작했다. 대개 아프리카계 미국인들은 자신들의 경험 때문인지 이러한 경제적, 정치적 영향을 피부로 느끼는 경향을 보였다. 그렇지만 대화를 하면서, 몇몇 백인들도 주말이면 지역의 어떤 곳은 백인 "출입금지" 구역이 된다는 점에서 흑인들과 똑같은 불만을 느끼고 있다는 사실을 알게 되었다.

대화는 어떻게 그룹과 공동체에 영향을 미칠까?

많은 사람이 대화에 참여하는 이유는 사람들과 공동체 전체에 미칠 수 있는 대화의 긍정적인 영향 때문이다. 그 영향으로 인한 변화의 힘은 다양하게 열거될 수 있으나 긴밀한 연관성을 가진 변화의 모습으로 다음의 다섯 가지를 들 수 있다.

좁아지는 분열

갈등은 우리 삶의 일부이다. 갈등의 성격 상, 상황을 다르게 보는 사람들 사이에서 또는 자신의 목표를 이루는 데 있어-특히 서로를 방해물로 인식하는 사람들 관계에서는-자연스레 일시적인 분열이 일어날 수도 있다.

어떤 상황에서는 갈등이 실제로 사람들 사이에 심각한 분열을 일으키기도 한다. 이런 갈등에서, 사람들은 다른 이들을 그들과 다르거나 부족한 사람으로 바라본다. 이러한 깊은 분열은 공통의 목표를 성취하기 어렵게 만들고, 미래에 발생할 수 있는 갈등을 파괴적인 방법으로 다룰 가능성을 높인다.

그러므로 대화는 우리가 당면한 갈등을 해결할 때뿐만 아니라 개인 간의 분열이나 그룹 간의 더 내재적이며 역사적인 분열을 직접 해결하기 위해 사용되기도 한다. 이는, 대화가 사람들을 한데 모으고 그들의 인간애와 공통점을 되돌아 볼 기회를 마련해 주기 때문이다.

많은 교회들 또한 내부적인 분열을 해결하기 위한 과정으로써 대화를 활용한다. 한 교회 안에서도 사람들은 동성애, 예배 방식, 낙태, 이혼 등에 관해서 서로 다른 견해를 보일 수 있다. 가끔, 이러한 이슈에 대한 의견 차이가 너무 심해서 신자들은 두, 세 개의 새로운 교회를 새로 만들기도 한다. 이와 같은 맥락에서 대화는 이미 존재하고 있는 사람들 간의 결속력 또는 공통점을 가늠해 볼 수 있도록 도울 뿐만 아니라, 사람들을 갈라 놓는 원인이 되었던 믿음의 표현 방식들과 서로 다른 일련의 경험들을 모두 이해하도록 돕는다.

흑인 참여자들과 함께했던 십대와 부모간의 대화에서, 어떤 부모들은 그들의 십대 자녀들이 직면하는 스트레스 - 예를 들면 백인 학생들로부터 자신들의 학업능력이 의심을 받거나, 흑인 또래 친구들로부터 학업적으로 최선을 다하지 말라는 무언의 압박을 받는 등 - 에 대해서 전혀 모르고 있었다고 말하기도 했다. 가장 중요한 점은, 그 부모들이 자녀들의 의견을 제대로 경청하지 않았고, 그것이 무심코 자녀들에게 부가적인 스트레스를 주었다는 것을 깨달았다는 것이다. 대화는 이렇게 부모들로 하여금 학생들이 받는 스트레스에 대해서 더 잘 이해할 수 있도록 돕고, 부모와 자녀 사이의 분열을 줄여 줄 수 있다.[4]

공동체 의식

북미사회에서 사람들은 이웃을 잘 모르거나 별 관계를 갖지 않은 채 독립적인 삶을 살아간다. 이웃사이에 왕래가 흔치않다. 따라서 이웃과 알아가는 방법이 딱히 없는 곳에서 대화는 다른 이와 관

---

4) 데이비드 캠트는 2006년 5월~6월에 걸쳐 버지니아 주의 알렉산드리아 공립학교에서 이 대화 시리즈를 진행했다.

계를 맺을 수 있도록 도움을 준다. 대화를 시작하면서 사람들은 자신들의 경험을 공유하기 때문에 대화는 서로 이질감을 느끼는 사람들 사이에서 화합심을 기르도록 도울 수 있다.

자신들의 경험과 다른 이들의 이야기에서 닮은 점들을 찾고자 할 때, 눈에 보일 정도의 유대감 또는 화합심이 뿌리를 내린다. 더욱이 대화를 통해 다양한 사람이 한 데 모일 때, 그 모임 이상의 많은 일이 일어난다. 다시 말해, 대화는 의도적으로 공동체 의식을 형성하는 작업이다.

대화는 분열된 사람들 사이에 유대감을 형성시킨다.

2001년 9월 11일, 세계무역센터의 비극적 참사가 일어난 이후, 미국 전역에서 이 비극에 대해 이야기해보고자 많은 사람이 이웃들과 모였다. 이 비극은 새로운 방식으로 사람들을 결속시켰다. 낯선 사람들이 또 다른 낯선 이들에게 말을 걸었고, 다른 이의 아픔에 귀 기울이고, 서로 도울 방법을 모색하기 시작하였다. 9.11 이후, 어떤 공동체는 의도적으로 트라우마를 표현할 방법을 찾기 위해, 그리고 공동체의 치유와 화합을 향한 여정을 걷기 위해 공식적인 대화를 계획했다.

의사소통 패턴의 향상

대화 진행자들은 참여자들에게 다양한 기량을 키우기를 권장하고 스스로 그런 기량을 실천하도록 본을 보인다. 예를 들어 다른 사람에게 주의를 기울이고, 그룹 내 효과적인 소통을 위해 기본적인 규칙을 지키며, 서로의 공통점을 발견하려는 동시에, 경청하고, 경험과 의견에 대해 진솔하고 적극적으로 이야기하도록 참가자들을 돕는다. 대화에 참여하는 데 필요한 태도와 기량은 다양한 분위기에서 더 나은 소통을 위해 아주 유용하며, 모든 갈등전환과 평화세우기 과정의 근간이 되기도 한다.

이전에 부모와 십 대 자녀 간의 대화에 참여했던 몇몇 참여자들은 자신의 가정에 긴장이 눈에 보일 정도로 줄어들었다고 보고했다. 부모들은 더 많은 인내심을 가지고 자녀의 이야기를 듣게 되었고, 부모님에게 대한 십 대 자녀들의 고집스러운 태도가 줄었다고 전했다. 게다가 많은 부모가 이전에는 서로에게서 거의 도움을 받지 못했지만, 대화 과정을 마치고 나서는 서로 관계를 지속할 수 있도록 노력하고 있다고 말해 주었다.

대화는 개인과 그룹, 두 단계 모두에서 일어나는 의사소통의 패턴에 영향을 미친다. 여러 기관은 그들이 갈등에 대처하는 방식을 변화시키기 위해 그리고 이해 당사자들과 함께 의사결정을 하기 위해 대화 훈련과 이를 통한 경험들을 사용해왔다. 예를 들어, 천 명의 고객을 둔 어떤 한 건강관리기관Health Maintenance Organization: HMO은 대화의 기술을 배우기 위해 기관 전체가 대화 훈련에 참여하였다. 그 훈련의 목적은 기관의 의료진이 더욱 협동적으로 일할 수 있는 능력을 증진시킬뿐만 아니라 환자들과 더 효과적으로 의사소통하기 위함이었다.[5]

협동적 분석

공동체 리더들과 정책입안자들은 특정 문제에 대해 대중이 어떤 생각을 하고 있는지 가늠해보는 몇 가지 도구들을 가지고 있다. 여론조사는 응답자들이 교육정책에 동의하는지 그렇지 않은지를 보여준다. 그렇지만 여론조사는 부모들이 생각하는 교육의 근본적인 문제에 대해 진정한 통찰력을 제공하지 못하고, 그 문제를 해결할 창의적인 생각을 촉발하지 못한다.

그러한 점에서, 대화는 자신이 속한 그룹에 가장 영향력 있는 중요한 이슈들이 무엇인지 함께 알아가는 방법이기도 하다. 대화는 공동체로 하여금 몇몇 사람들이 공동체 의사소통 결정 과정에서 배제되었다고 느끼는 이유를 이해할 수 있도록 돕기 때문이다. 대화는 사람들이 느끼는 특정 상황에 대한 불만족감을 들여다보

---

5) 이 대화 기술 강화 프로그램은 캘리포니아 주 리버사이드에 있는 Inland Empire Health를 위한 Program 문화적 역량 훈련의 일부분이었다. 멀티세션 트레이닝은 2001년 3월~5월에 열렸다.

게 하고 변화에 초점을 둔 활동에 참여하도록 동기를 부여하기도 한다.

많은 사람이 관심 있는 주제를 놓고 대화할 때, 수십 또는 수백 개의 소규모 대화 세션이 이뤄진다. 가끔은 한 장소에서 이 모든 것들이 진행되기도 한다. 예를 들면, 과학기술은 수백 명의 사람들이 소규모 그룹 과정에 참여할 수 있도록 돕고, 컴퓨터로 각각의 그룹이 자신들의 중요한 분석적인 관찰과 협력적인 행동에 대한 창의적인 아이디어들을 공유할 수 있도록 돕는다.[6]

2002년, 세계 무역 센터 재개발에 대해 대화하기 위해 4,300명의 사람이 뉴욕에 모였다. 행사 코디네이터들은 9.11 사태의 생존자들, 희생자들의 유가족, 센터 근방의 상점 주인, 지역 주민 모두가 그 행사에서 자신의 의견을 충분히 표현할 수 있는 환경을 만들고자 노력했다. 그런데 예상과는 달리 그곳에 모였던 사람들은 제출된 여섯 개의 제안서에 불쾌감을 느꼈다. 회의가 끝난 후 지역발전 통솔자는 대화할 당시 다른 참여자들이 원했던 사항들을 충실히 따른 새로운 계획을 주문했다.[7]

---

6) AmericaSpeaks의 21세기 타운홀 미팅은 참여자들을 8개~10의 테이블로 나눠 진행했다. 또한 각 테이블마다 숙련된 진행자와 무선망이 연결된 노트북이 있었다. 이 대화로부터 제안된 초기의 주제들은 무선망을 통해 "주제 팀"에게 전달되었고, "주제 팀"은 참가자들 사이에서 공통된 중요 포인트를 도출하였다. 그 도출된 공통의 주제를 대형 스크린에 띄움으로써 전체 그룹에게 다시 전달하고, 참가자들은 키패드를 가지고 어떤 주제 또는 행동플랜이 그들에게 가장 필요한지 투표하였다. www. americaspeaks.org 참고.

7) 이 회의는 2002년 7월 20일에 열렸다. 초기 후원자는 Civic Alliance to Rebuild

협동을 위한 선택들

모두가 참여하여 문제를 분석하는 것은 협동의 행위이다. 대화의 과정은 종종 건설적 변화를 위해 공동체 내의 다양성을 어떻게 활용해야 하는지 감화적 모델을 제시한다. 그와 동시에, 사람들은 대화하면서 그들이 꿈꾸는 이상적인 공동체를 경험을 하고, 대화가 끝난 후 더 나은 관계나 의사소통 패턴을 향상해 나감으로써 활력을 얻는다.

모든 구성원이 협력하여 나눈 지혜는 가장 좋은 결정을 내리는 데 도움이 된다.

예를 들어 도시 개발, 지역 성장에 대한 대화들은 해결책 모색을 위해 농부, 이주자, 사업가, 학부모 등 공동체의 다양한 사람들을 한데 모은다. 이해 당사자들의 경험 속에 녹아있는 독특한 다양성은 공동체 개발과 관련된 결정 사안이 가지고 있는 현실적 문제와 미래에 발생할 수 있는 문제를 통찰력 있게 분석하는 핵심과도 같다. 공동체 내 모든 구성원의 공통적인 필요와 바람은 학교, 주택가, 상점가를 어디에 세워야 하는지를 비롯한 성장과 개발에 대해 현명한 결정을 내려야 할 때 최고의 지침이 될 수 있다.

대화는 협력적으로 행동하도록 그룹을 준비시켜준다. 아니면 적

Downtown New York이었다.

어도 그러한 행동이 가능한 것인지 건강한 방식으로 가늠해볼 수 있도록 돕는다. 대화는 사람들에게는 어떤 행동이나 조치에 대해 자신들의 경험, 관점, 선호도가 무엇인지 표현할 수 있도록 장소를 제공하고, 리더들에게는 주요 이해당사자들이 무엇을 원하는 지에 대해 믿을만한 정보를 주기도 한다. 이것은 결국 분열을 줄이고, 그룹 정체성을 강화하며, 감성적이고 정신적으로도 이점이 된다. 게다가, 다양한 사람들과 함께 한 대화에서 얻은 미래에 대한 공동의 지혜, 분석, 비전은 또 다른 가능성의 문을 열어준다.

3. 대화는 언제 유용할까?

이번 장에서는 대화가 언제 유용한 지 그리고 성공적인 대화를 위해 필요한 전제조건이 무엇인지 살펴보고자 한다. 주일학교 수업을 기획하는 것에서부터 컨퍼런스의 대화에 이르기까지 다양한 대화 형태에 대해 세심하게 살펴보기로 한다.

성공적인 대화 과정을 위한 전제조건

셀 수 없을 정도로 다양한 모습의 대화에 엄격한 규칙을 적용하기란 매우 어렵다. 그러나 특정 상황에 규칙을 적용하는 것은 성공적인 대화를 이끄는 데 큰 도움이 된다.

경험의 다양성이 존재할 때

만약 대화의 주된 목적이 참여자들로 하여금 자신의 시각, 생각, 이해를 다른 이들과 함께 여러 각도로 관찰하는 것이라면, 참여자들의 다양한 경험과 견해는 대단히 중요한 요소들이다. 교회 내에서 이루어지는 동성애 대화를 예로 들어보자. 만약 다양한 생각, 방향성, 경험, 종교적인 이해를 가진 사람들이 대화에 포함되어 있다면, 대화는 더 깊은 이해와 성장을 이끌어 낼 수 있다.

즉각적인 결정을 내릴 필요가 없을 때

대화는 보통 즉각적인 결정을 요구하지 않을 때 더 성공적이다. 협동을 위해 대화의 조건들을 미리 점검해야 하겠지만, 무엇보다 즉각적인 행동이나 압박이 없을 때 가장 효과적으로 대화할 수 있다. 큰 의미에서 보면, 대화는 발견하는 것이다. 다시 말해, 참여자들이 어떤 한 주제에 대해 자신들의 관점을 탐구해보고, 차이점과 유사점 근저에 무엇이 있는지 알아보고, 행동의 공통점에 어떤 근거가 있는지 발견하려는 시도이다.

대화는 발견하는 것이다. 행동에 대해 갖는 급한 마음과 압박감은 참여자들의 탐구와 발견의 과정에 있어 인내심을 감소시키는 경향이 있다. 이러한 조급함은 대화에 필요한 참여자들의 경청을 방해한다.

더 나아가 대화 그룹이 결정에 대한 압박을 받게 되면, 대화의 초점은 결정을 위한 수단이나 또는 분석 대상으로 변질된다. 참여자들이 이러한 의사결정 과정에 처하면, 그들의 다양한 경험과 서로의 간의 차이는 존중을 받지 못하게 된다.

우리가 이러한 주의를 주는 것은 대화가 곧 벌어질지도 모를 갈등과 폭력의 상황에서 긴장을 감소시키는 데도 아주 유용하다는 사실을 언급하고 싶어서이다. 2001년 오하이오주 신시내티에서 일어났던 일은 아주 좋은 예다. 경찰이 비무장한 사람에게 총격을 가한 사건이 발생하자 법대로 집행하자는 사람들과 공동체 사이에 팽팽한 긴장감이 감돌았다. 이러한 상황에서 같은 인종의 사람들은 물론, 다른 인종과 함께 소통하기 위한 대화 과정을 채택하였고 경찰과 공동체의 관계를 다루기 위해 엄청난 노력을 기울였다. 그 결과 이 대화를 통해 공동체와 경찰의 관계개선을 위해 무엇이 필요한지에 대한 시민들의 제안이 쏟아져 나왔다. 이런 맥락 속에서도 대화는 긴장감을 감소시키고 갈등 선상에 있는 사람들의 관계를 더 나은 모습으로 변화시키는 안전한 공간을 만들어준다.8)

균형잡힌 힘의 구조가 이뤄질 때

가장 이상적인 대화는 참여자들이 상대적으로 서로 동등한 영향력을 가지고 있을 때 이루어진다. 대화에서 그룹의 어떤 사람들이

---

8) 동네와 동네(neighbor-to-neighbor) 대화 프로그램은 2001년 11월부터 2002년 3월에 사이에 열렸다. 이 프로그램을 하는 동안 45번의 회의가 열렸고, 139개의 주최 기관들이 있었으며, 총 1,838명의 사람이 참여했다.

다른 이들보다 더 많은 교육을 받았다든지, 더 많은 부를 소유하고 있다든지, 사회적으로 더 높은 위치에 있다고 인식되면 성공적인 대화는 그만큼 더 어려울 수 있다. 명백한 힘의 불균형은 성공적인 대화를 위한 그룹의 능력을 저해할 경향이 있다. 만약 그룹이 취해야 하는 행동지침을 결정할 때, 몇몇 참여자가 더 많은 영향력을 행사한다면 대화는 제 기능을 발휘하지 못할 것이다.

참여자들 사이에 힘의 불균형이 존재한다면, 힘을 더 많이 가진 사람들이 그렇지 않은 사람들보다 더 나은 대접을 받게 된다. 반대로, 별다른 영향력을 갖고 있지 못한 그룹의 구성원들은 진실한 마음으로 대화에 임하지 못하거나 영향력 있는 구성원들에게 불만을 가질 수 있다. 이러한 상황에서의 대화와 의견교환은 단순한 허례허식이며, 영향력 있는 사람들이 자신들이 의도했던 것을 실행하기 위해 다른 이들을 들러리로 세웠다는 느낌을 지울 수 없게 된다.

비슷한 언어 구사력을 가지고 있을 때

자기 생각, 감정, 정신을 표현할 때, 사람들이 비슷한 언어 사용 능력을 갖추고 있다면 대화의 성공 가능성은 높아진다. 경험, 교육, 나이, 또는 언어적 배경으로 인해 어떤 사람들은 자신들이 표현하는 언어의 역량이 부족하다고 느낄 수도 있다.

우리가 진행했던 다인종 간의 대화에서, 상대적으로 교육의 기회가 적었던 참여자들은 교육의 기회가 더 많았던 사람들에 비해 말수가 훨씬 적었다. 그들과 함께한 토론에서, 우리는 참여자들이 침묵했던 이유를 알게 되었다. 그 이유는 교육의 기회를 더 많이 가졌던 다른 참가자들이 그 주제에 대해서 더욱 "그럴듯한" 방식으로 이야기할 수 있을 것 같다는 인식 때문이었다. 이것은 대화의 중요한 논제가 되었다. 대화의 한 가지 목표가 인종과 사회계층을 포함한 도시 내 분열을 뛰어넘는 협력을 이끌어 내는 것이 아닌가? 그러나 아이러니하게도, 대화를 통해 인종 간의 다리를 놓는 동시에, 우리는 계층과 교육의 격차를 해소하기 위한 노력도 함께 기울여야 했다.

가능하다면 언어구사력이 현저히 다른 그룹들을 함께 배정하지 않는 것도 고려해야 할 사안이다. 어떤 대화 전문가들은 소규모 대화에 청소년들과 어른들을 함께 배정하지 않는다. 이런 이유로 어떤 전문가들은 교육 수준을 반영하는 언어적 차이를 줄이고 모든 참가자가 동등한 입장에 설 수 있도록 그림 그리기 또는 그룹게임과 같은 비언어적 소통 기술을 아울러 사용하기도 한다.

대화의 종류

대화는 다양한 필요에 따라 여러 형태로 이뤄질 수 있다. 일회성 이벤트로, 또는 컨퍼런스와 같은 더 큰 규모의 행사에서, 연속적인 회의에서, 또는 몇 해 동안 지속되는 하나의 과정으로써, 사람과 사람 사이에서 사용될 수 있다.

일대일 또는 자유로운 소그룹 대화

민감한 주제를 놓고 토론을 할 때, 분위기를 조금이라도 이완시키고 싶다면 형식에 구애받지 않는 대화 기술들을 활용할 수 있다. 토론에 참여하고 있는 한 사람 또는 더 많은 사람이 좋은 소통, 듣기, 그리고 다른 이들의 경험으로부터 배우려는 태도로 대화를 진행한다면 대화는 언제 어디서나 이뤄질 수 있다.

일회성 대화

대화는 특별한 주제를 탐구하기 위한 컨퍼런스나 연수회 같은 일회성 행사와 접목할 수 있다. 참여자들이 자신의 경험을 공유하고 특정한 주제에 대해 알아가는 워크숍이나 세미나의 대화 형식을 활용할 수도 있다. 또는, 컨퍼런스에서 진행자의 도움 아래 모든 참여자가 소규모 대화 활동에 참여할 수 있도록 세션을 포함하는 것도 얼마든지 가능하다.

일회성 대화는 극에 달한 갈등을 다루기에 적합한 방법이기도 하다. 갈등 선상에서 서로 다른 입장을 취하는 사람들은 대화에 참여하지 않았을 때보다 대화에 참여하면서 다른 쪽의 이야기를 더 분명하게 듣게 되기 때문이다. 대화 진행자가 함께하는 소그룹 대화에서는 긴장을 해소하기 위해 마련된 공청회에서 자주 보이는 과시적 행동이라든가 상대방을 왜곡하는 표현 행위를 최소화시킬 수 있다. 더 나아가 사람들이 공동체의 화합 증진에 대한 "상대편"의 관심을 직접 볼 수 있도록 돕는다는 점에서 대화는 가치 있는 활동이다.

일회성 대화는 정보 수집에도 유용하다. 시민이면 누구나 참여할 수 있는 시청 관계자들과 시민들과의 대화를 열어 수백 또는 수천 명의 사람을 한데 모으는 것은 한 번의 대화지만 주최자들로 하여금 이해 당사자들의 선호도를 신속하게 파악할 수 있게 한다.

일회적 대화의 또 다른 목적은 공동체를 더 기동력 있게 집결시키기 위함이다. 만약 주최 측에서 언론의 관심을 불러일으켜 성공적으로 대화에 많은 사람들이 참여하였다면, 어떤 이슈에 대한 공동체의 이해는 크게 증진될 것이다. 더욱이, 민감한 주제를 놓고 자신들과 다르다고 생각했던 사람들과 진정한 대화를 경험한다면, 사람들은 공동체의 변화에 새로운 지지의 바람을 불러일으킬 것이다.

여러 번의 대화

많은 기관은 발생하는 공동체 이슈들을 다루기 위해 3회에서 8회 정도의 대화 시리즈를 가진다. 가장 민감한 공동체 이슈에 대해서는 물론 민감하지 않은 이슈에 대해서도 대화를 더 많이 진행하는 것도 좋을 것이다. 물론 사람들이 결정을 단번에 내리지 않는 열린open-ended 대화에 참여하기를 꺼릴 수 있다. 그러므로 참여를 좀 더 수월하게 하기 위해 대화 횟수를 적절히 조절할 필요가 있다.

지속적인 대화

어떤 대화 과정은 뚜렷한 결론을 내지 않는 대화를 시도한다. 때때로 우리는 이러한 열린 대화 과정들을 의도적인 대화를 사용하는 학습 공동체 또는 후원 그룹support groups이라고 부르기도 한다. 대개 이러한 열린 대화는 참여자들이 여러 번의 대화에 참여하고 대화의 힘을 깊이 공감하면서 시작된다.

예를 들면, 1980년대에 구소련과 미국 시민들은 끊임없는 열린 대화를 가졌다. 수년 동안 대화 진행자는 긍정적인 관계를 맺고 긴장을 줄이기 위한 노력의 일환으로 두 나라 사람들을 한 자리에 모았다. 수 많은 대화를 진행해 본 대화 전문가 해롤드 손더스Harold Saunders는 이러한 열린 대화를 "*지속적인 대화*Sustained Dialogue"라고 불렀다.9) 지속적인 대화는 문제나 갈등이 역사, 그리고 정체성, 종교, 문화에 대한 사람들의 인식에 뿌리 박혀 있을 때, 그리고 갈등

---

9) Harold Saunders, *A Public Peace Process: Sustained Dialogue to Transform Racial and Ethnic Conflict* (New York: Palgrave, 1999)

이 다양한 이해 당사자들을 포함하고 있어 복잡한 양상일 때 유용하다.

대규모 대화

대규모 대화는 중앙 조직을 소단위로 나누어 동시 다발적으로 수행하는 대화로 수백 명 또는 수천 명까지도 수용할 수 있다. 몇 사람들만 말을 하는 전형적인 시청 관청 주도의 시민참여 회의와는 달리, 계획된 대규모 대화에서는 모든 참여자가 자기생각을 표현할 기회를 가질 수 있다. 그리고 대규모 대화는 사람들에게 더욱 뚜렷한 공동체 의식을 느끼게 해준다.

고도로 훈련된 진행자와 화상전화를 사용한 텔레컨퍼런스와 같은 기술을 사용하거나 아메리카 스피크스AmericaSpeaks와 같은 기관들을 통해 큰 도시 또는 공동체를 위한 대화 과정을 진행할 수 있다. 천 명이 참여하는 대화 활동을 한다면, 백 개의 대화 테이블에 각각 참가자 열 명씩 배정하여 진행할 수 있다. 좋은 예로써 아메리카 스피크스는 이러한 대규모 대화를 두 번 진행한 적이 있었는데, 그중 한번은 2006년 12월 2,500명의 참여자와 함께 그리고 다른 한 번은 2007년 1월 1,300명과 함께 대화를 진행하였다. 그 대화의 목적은 뉴 올리언즈에 사는 시민들과 당시 다른 도시에 사는 시민들을 모두 참여시켜 최근에 떠오르는 여러 도시 계획안들을 함께 검토할 수 있도록 자리를 마련하기 위해서였다. 이 대화를 통해, 도시 계획가들과 도시 행정가들은 중요한 사안에 대하여 시민들이 어떤 의견을 갖고 있는지 구체적으로 알게 되었으며, 도시계획을 입안함에 있어서 시민과 신뢰를 두텁게 하는 계기를 마련할 수 있었다. 두 번째 회의 후, 도시 거주 시민들은 도시 복구과정에 자신들의 목소리가 반영될 수 있도록 분기별로 회의를 소집할 것과 매년 대화를 기반으로 연례회의를 열 것을 제안했다.

이러한 대규모 대화에서, 참여자들과 주최측은 이해 당사자들의 다양한 필요를 좀 더 정확하게 감지할 수 있다. 또한, 사람들은 자기 자신이 받아들여지고, 누군가가 진심으로 자신의 이야기를 들어주고 있다고 느낄 때, 자신의 입장과 반대되는 조직의 결정이라도 그에 대한 반감을 더 적게 표현한다.

4. 대화 과정 준비하기

누구든지 자신의 가정, 조직, 또는 회사에서는 비교적 쉽게 대화를 시작할 수 있다. 그러나 규모가 좀 더 크고 격식을 차린 대화를 위해서는 그룹의 노력이 필요하다. 이러한 대규모 대화를 준비하는 절차는 개인의 장점이 무엇인지 평가해 보고 그에 따라 책임을 배분하는 것에서부터 시작해야 한다. 대화 준비자, 대화 설계자, 대화 진행자들로 역할을 분담하여 구체적으로 준비한다.

*대화 준비자/기획자*organizer/promoter는 사람들이 대화에 참여하도록 초대할 사람들의 목록을 편성하고, 행사를 준비하는 실제 절차들과 대화 과정의 분위기를 관리 감독한다.

*대화 설계자*designer는 대화과정의 전개 방식을 개발하며, 질문 리스트를 만들어 참여 그룹들이 주제를 잘 소화할 수 있도록 대화의 방향을 제시한다. 또한, 소개, 대화 원칙 결정, 또는 그룹 식사 등 참가자들이 서로 교류하도록 대화 이외의 활동들을 계획한다.

*대화 진행자*facilitator는 대화 과정 내내 참가자들을 이끄는 역할

을 한다. 대화 진행자들은 주로 대화 설계자들이 만든 대화 계획을 토대로 대화를 진행하고 상황에 따라 신중하게 계획을 변형시키기도 한다.

이번 장에서는 사람들이 대화에 참여할 수 있도록 설득하는 전략개발을 위한 대화 준비자/기획자의 할 일에 대해 살펴볼 것이다. 어떤 사람들은 차분하고 균형잡힌 성격 덕분에 좋은 진행자가 되기도 한다. 하지만 효과적으로 대화를 알리거나 대화 과정에 참여하도록 설득하는 일, 다시 말해 대화에 대한 자신의 열정을 전달하고 상대방에게도 그 열정에 불씨를 켜주는 아주 중요한 업무에는 미숙할 수 있다. 따라서 각 팀원의 역할을 분명하게 구분하는 것이 좋다. 일류의 대화 과정을 디자인하는 것과 고도록 숙련된 진행자가 대화의 진행을 맡는 것도 중요하지만, 대화를 준비하고 기획하는 노력이 성공적으로 이뤄지지 않는다면, 모든 것들이 무의미하게 될 수 있다.

대화를 준비하는 대부분 과정에 적용할 수 있는 사항에는 몇 가지가 있다. 첫째, 실용적인 마케팅 계획안을 입안한다. 둘째, 대화를 위해 적합한 장소를 고른다. 셋째, 사람들의 다양한 장점을 현명하게 활용할 수 있도록 팀을 배치한다.

대화 과정 마케팅하기

대화에 참여하도록 사람들을 설득하는 일에는 노력이 따른다. 대화는 어느 정도 자연스럽지 않은 과정이기 때문이다. 특히 열면 토론과 특정 업무를 완수하는 법에 대한 논의나 정보 전달 훈련을 선호하는 문화에서는 더욱 그러하다. 또한, 대화의 초점이 협동적인 배움이라는 점에서 대화는 이 모든 것들과 매우 다르다.

준비자들은 상품을 팔기 위한 대기업 마케팅 전략을 이용하여 사람들을 대화에 참여하도록 설득할 수 있다. 그리고 대화 준비자들이 마케팅해야 할 상품은 바로 대화이다. 기업들은 소비자의 필요와 관심사에 호소해야 한다는 것을 안다. 마찬가지로 대화 마케팅

실용적인 마케팅 계획은 대화 과정에 참여하도록 사람들을 설득할 수 있다.

전략은 특정한 청중의 성향에 알맞게 기획해야 한다. 다음은 대화의 틀을 짜고, 다양한 그룹들이 참여하도록 설득하는 가장 좋은 방법이 무엇인지 식별하는 데 도움을 주는 질문들이다.

1. 당신이 대화에서 대변하려는 지지층 대상은 누구입니까?
2. 대화 주제와 관련해, 각각의 지지 그룹 대상이 인지하는 필요와 관심사는 무엇입니까?
3. 각 그룹이 대화에 관심을 두고 참여해야 할 이유는 무엇입

니까? 그룹의 구성원들은 대화를 통해 무엇을 얻을 수 있습니까?

4. 각 지지층에 가장 호소력 있는 마케팅 문구는 무엇이며, 어떻게 그들을 대화에 참여하도록 동기를 부여할 수 있겠습니까?

예를 들어, 어떤 공동체들은 자신들의 뜻에 귀를 기울여주는 정치가들을 원하기 때문에 정치가를 만나는 것이 대화 참여의 동기가 될 수 있다. 또 어떤 공동체는 갈등을 넘어 함께 모인다는 아이디어 자체가 마케팅 메시지로써 더 매력적일 수도 있다. 전략적인 대화 기획자는 이해당사자들만의 필요에 반응하는 행사 홍보 메시지를 만들어 낸다.

또한, 대화는 일반적인 의사소통과는 형태가 매우 다르므로 미리 초대장을 보내 예상되는 행사의 분위기를 올바로 전달해야 한다. '당신을 변화시켜 드립니다.'라는 행사문구를 기분 좋게 받아들일 사람은 거의 없다. 오히려, 사람들은 어떤 주제에 대해서 다른 사람들의 생각이 어떤지 알아보거나 자신들의 생각을 다른 이들에게 설명해 줄 기회를 갖게 될 것이라는 말을 더 쉽게 받아들인다.

초대 절차

전단지, 포스터, 이메일 홍보를 통해 사람들을 대화에 초대하는 것은 비생산적이다. 대화를 준비하는 사람들에 따르면 직접 사람을 만나서 일대일로 설득하는 것이 가장 좋은 방법이라고 한다. 준비자들은 핵심 리더가 될 사람들을 먼저 초대하고, 다음에 다른 참여자들을 초대한다. 이는 어떤 특정한 사람들의 참여로 말미암아 홍보효과를 기대할 수 있기 때문이다. 또한, 대화에 적극적으로 참여할 의사를 보인 사람들로부터 초대할 사람들을 추천받거나 그들이 초대하고 싶은 사람에게 직접 초대장을 전달해 주도록 요청할 수도 있다.

대화의 이슈가 업무중심일 경우, 문제 해결 과정의 꼭 필요한 단계로써 대화를 널리 홍보하면 훨씬 효과적으로 참여자들을 모집할 수 있다. 그러나 이런 업무중심의 대화를 홍보하는 초대장은 참여자들로 하여금 빠른 "해결법"에 대한 기대를 갖게 하고, 사람들의 경험의 세부적인 부분들을 인내심 있게 탐구해보고자 하는 참여자의 의지를 약화시킬 수 있다.

대화의 전 과정이 얼마나 걸리는지 기간을 명확하게 알려주는 것도 중요하다. 처음부터 사람들을 장기 과정에 등록하게 하거나 애초에 정한 기간을 더 연장하기보다는 우선 단기간의 대화 과정을 시작하고 나중에 재등록하도록 권장한다.

다양성

공동체 내 이해관계에 있는 모든 사람을 참석시키기 위해서는 특별한 관심과 자원을 늘일 필요가 있다. 여러 개의 하위 그룹 또는 여러 대화 테이블이 있는 큰 규모의 대화에서 각 하위 그룹의 다양성을 보장할 수 있는 전략을 세워야 한다. 대화에 참여하는 사람들은 대개 자신과 비슷한 사람들과 동행하며, 모르는 사람 옆에 앉는 것을 망설인다. 따라서 임의로 자리를 배정하여 정중하게 그것을 따라달라고 요청하는 것이 필요하다.

대화 공간 선택하기

대화 공간은 중립성을 띄어야 하며 상징적이며 동시에 실용적이어야 한다. 다시 말해, 장소선택의 부주의로 몇몇 참가자들이 다른 참가자들보다 더 유리한 입지를 갖게 해서는 안 된다. 그러므로 대화 과정을 시작하기 전부터 참여자들에게 공정성과 평등성을 보장하려면 장소 선택에 세심한 배려를 아끼지 말아야 한다.

때로는 대화를 위해 여러 장소가 필요하기도 하다. 이슬람 신도들과 기독교 신도들 사이의 대화를 예로 들면, 교회와 모스크를 번갈아 가며 대화하는 것이 현명한 방법이다.

장소를 선택할 때, 장소의 상징적 연관성을 신중히 고려해야 한다. 지금 중립적인 기관이 사용하는 곳이라 할지라도, 어떤 장소는 대화 주제의 한 측면 또는 다른 측면과 역사적 연결성을 가지고 있을 수도 있다. 따라서 대화 장소가 참여하기로 한 각 사람에게 어떤 영향을 주는지 꼼꼼히 살펴보아야 한다.

음식, 시간, 그리고 분위기

음식과 음료를 준비하여 참가자들을 맞이하는 일은 참여자들의 긴장을 풀어주며, 휴식시간 동안 여러 사람과 교류하는 장소를 제공한다. 아름답고 편안한 공간은 다양한 관점으로 생각하거나, 사람들의 인간적인 모습을 볼 수 있도록 긴장을 풀어준다.[10]

대화 세션의 일정을 정할 때는 구성원들의 각기 다른 업무 일정, 보육원 일정, 교통, 그리고 참여에 영향을 끼칠 수 있는 민감한 요소들은 없는지 미리 살펴보아야 한다. 또한 지속적으로 한 그룹의 참여를 어렵게 할 수 있는 일정 관리는 피하도록 해야한다.

---

10) 대화 과정에 있어 공간의 상징적인 역할에 대해서 더 구체적인 정보를 원한다면, 리사 셔크의 *Ritual and Symbol in Peacebuilding* (Connecticut: Kumarian Press, 2005)을 참고하라.

능숙한 대화 진행

대화 준비자들은 대화 진행자 선택과 진행자 훈련까지도 감독해야 한다. 대화를 통해 참여자들이 얻는 경험의 질은 대화가 어떻게 진행되는가에 달려있다. 따라서 경험이 많은 진행자를 모집하는 것은 중요하며, 대화가 시작되기 전 진행자들이 각각 소단위로 대화 목표를 확실히 이해할 수 있도록 대화 과정에 대해 간단한 훈련을 제공하는 것 또한 필수적이다. 행사 전, 행사 중, 행사 후에 감사를 표현함으로써 진행자가 인정받고 있다는 느낌을 주는 것도 중요하다.

여러 진행자를 필요로 하는 규모가 큰 대화에서는 주 진행자가 전체 참여자들 앞에서 대화의 시작과 끝을 알림으로 총 진행 및 관리를 이끌어가야 한다. 대부분의 경우 리더십의 다양성을 인정하기 위해, 여러 명의 진행자를 한데 모아 하나의 진행자 팀을 따로 구성하는 방법을 사용한다. 주 진행자의 역할을 맡은 사람은 효과적으로 수십 명 또는 수백 명의 주목을 집중시킬 수 있어야 한다. 또한, 주 진행자들은 대화가 이뤄지는 과정에 대해 자신감과 열정을 갖고 있음을 참가자들에게 전달하고, 대화 설계도를 완벽히 이해하여 돌발 상황이 생기더라도 스스로 결정을 내려, 차분하고 호감가는 분위기를 조성할 수 있어야 한다.

대화 준비자는 준비과정 초기에 대화 진행자를 선발하여 진행자들이 대화를 설계하는 과정에 참여할 수 있도록 하는 것이 가장 이 상적이다.

5. 대화 과정 설계하기

대화 과정을 설계하는 데 꼭 지켜져야 하는 규칙은 없다. 그러나 경험을 통해서 배운 성공적인 대화의 기본이 되는 몇 가지 필수 요소들을 공유하고자 한다. 성공적인 대화는 일반적으로 다음의 네 가지 요소 또는 단계를 갖춘다.

1 단계: 공동의 목적과 규칙 세우기

2 단계: 경험과 관점 공유하기

3 단계: 다양성과 공통성 탐색하기

4 단계: 행동/실천 가능성 모색하기

1단계: 공동의 목적과 규칙 세우기

갈등에 직면한 사람들은 대화하려는 상대방의 동기에 대해 의문을 갖는 경향이 있다. 따라서 이 단계에서는 서로를 경청하고 서로에게서 배우기 위해 그룹의 공동 목적을 세운다.

의도적으로 설계된 대화 과정에 참여해 본 경험을 가진 사람은 많지 않다. 어떤 문화에서는 의사소통에 관한 문화적 규범이 경청과 진솔한 참여와 같이 대화에 꼭 필요한 요소들과 상충하기도 한다. 따라서 대부분의 사람에게 대화에 필요한 자질을 익히는 일은 마치 자신의 이름을 반대편 손으로 쓰는 것만큼 어색하게 느껴질 수 있다.

대화를 위한 규범, 가이드라인, 또는 기본규칙을 정함으로써 낯선 경험을 하는 참여자들을 준비시키고, 그들에게 새로운 소통법을 즉석에서 시도할 수도 있음을 알려주어야 한다. 참여자들이 서로 이미 잘 알고 있는 그룹에서는 의사소통이 충분히 이뤄질 것이며 이러한 예상 상황에 대해 깊이 논의하지 않아도 될 것이다. 그러나 서로 모르는 사람들로 이뤄진 그룹에서는 새롭고, 익숙하지 않은 의사소통 구조에서 어떻게 서로 관계를 맺어 갈지에 대한 최소한의 지침이 꼭 제시되어야 한다. 규범을 정립하는 데에는 세 가지 요소가 있다. 안전한 공간 만들기, 기본규칙 세우기, 그리고 진행자 역할 명확히 하기가 그 요소들이다.

안전한 공간 만들기

대화를 시작할 때, 진행자가 착수해야 할 주된 임무는 모든 참여자들이 정서적으로 안정감을 느끼게 해주어야 한다. 혹시라도 대화 중에 발생할 수 있는 어떤 언어적 공격 또는 모욕적 행위로부터 그들의 안전을 보장해주어야 한다. 안전한 공간을 만드는 데 있어 진행자의 성격과 자질에 대한 사람들의 시각도 매우 중요하다. 예를 들어 대화 설계자는 진행자에게 참여자들이 도착하는 순간부터 그들을 맞이하고 대화 세션을 시작하기 전에 참여자와 일대일로 안면을 트고 관계를 형성하도록 요구해야 한다. 이러한 진행자의 역할은 참여자들이 조금이라도 더 편안한 마음으로 대화에 임할 수 있도록 돕기 위함이다.

안전한 공간은 참여자들의 마음을 편하게 해준다.

대화의 목적과 초점을 소개하는 것은 대화에 참여하면서 혼란과 불확실을 느끼고 긴장하는 참가자들에게 안전한 공간을 만들어 준다. 대화의 목적이 무엇인지 분명하게 설명해주면 사람들은 자신들이 기대하는 것이 무엇인지 쉽게 이해하고 긴장을 누그러뜨리게 된다.

참가자들을 소개하는 시간을 갖는 것 또한 안전한 공간을 만드는 데 필수적이다. 사람들은 대화에 참여한 사람들이 어떤 사람들인지 알고 싶어 하고, 그들이 어디서 왔는지, 어디서 일을 하는지 또는 어느 교회에 소속해 있는지도 궁금해한다. 아마도 참가자 소개에서 가장 중요한 부분은 자신이 대화에 참여하게 된 이유에 대해서 말하고 들어보는 시간일 것이다. 시작 부분에서 대화에 참가하게 된 동기를 공유하게 하면 사람들은 서로를 신뢰하고, 서로에 대한 동정심을 갖게 되며, 긍정적 동기를 함께 세울 수 있게 된다. 대화 과정에 참여하려는 의지가 높을 때, 참여자들이 서로 친해질 수 있기 때문에 대화의 초기 단계에 동기를 공유하게 하면 큰 도움을 얻을 것이다. 게다가 본격적인 대화에 앞서, 이 활동을 하면서 참가자들은 자신의 방식대로 개인의 경험을 이야기해 볼 기회를 갖게 될 것이다.

어떤 참여자들은 다른 사람들의 동기에 대해 미심쩍어하는 경향을 보이기도 한다. 그러나 가장 두드러지게 관찰되는 경향은 참가자들이 자기 자신의 동기를 가장 긍정적으로 본다는 점이다. 예를 들어 그들은 아마도 "다른 사람들에 대해서 배우기 원한다"고 말할 수 있다. 어떤 이슈에 대해 입장을 달리하는 사람들이라도 대개는 무엇인가 배우려는 목적을 나누려 한다.

도입부에서 유용한 또 하나의 활동은 참가자들에게 그날의 대화 주제와 전혀 상관없는 자신과 관련된 무언가에 관해 이야기해보게 하는 것이다. 그것은 취미도 될 수 있고, 어린시절 별명, 형제자매 수, 가장 좋아하는 연예인 또는 사람들을 깜짝 놀라게 하는 자신의 특징이 될 수도 있다. 이 활동은 참여자들로 하여금 각자가 유일무이한 존재이며 단순히 한 문제를 둘러싼 그룹의 일원이 아니라는 것을 상기시킨다. 이 활동이 얼마나 개인적일지 또는 기발할 수 있을 지는 진행자에게 달려있다. 예를 들면, 딱딱한 업무 상황에서 참여자들에게 어린 시절 별명을 소개해보라는 것은 오히려 분위기를 더 어색하게 만들 수 있다. 마지막으로 어떤 질문이든 이 활동을 수행할 때는 모든 참여자에게 똑같은 질문을 던지는 것이 중요하다.

기본규칙 또는 지침

대화를 안전하고 편안하게 만드는 또 다른 기술은 도입부가 끝난 후 곧바로 기본규칙을 정하는 것이다. 가끔은 대화 지침이라고 불리는 기본규칙은 가능한 가장 좋은 경험을 이끌어 내기 위해 그룹이 따르기로 동의하는 행동기준과 목표들이다. 이러한 기본규칙을 중요하게 여기는 데는 몇 가지 이유가 있다.

첫째, 기본규칙은 생소한 대화 과정을 표준화시켜 준다. 그룹은 대화 동안 지킬 규칙과 지침을 정하고 따르겠다고 동의해야 한다. 이렇게 규칙을 정하는 것은 대화의 독특한 측면이기도 하다. 공동의 합의에 근거하여 설명되고 동의를 얻은 사회적 규칙은 거의 없기 때문이다. 스포츠 경기를 하는 사람은 경기 규칙을 잘 알고 있다. 그 규칙들은 다른 누군가가 정한 것이지만 반드시 따라야 한다. 참여자들과 함께 대화 지침을 정하는 것은 의식적으로 대화 과정에 참여하도록 만들며 어떤 행동을 존중하고 보호할 것인지 직접 결정하도록 도와준다.

기초적인 기본규칙의 예

1. *경청의 힘 인식하기.* 당신의 입장을 방어할 생각을 하며 듣는 것이 아니라 다른 사람의 관점을 이해하기 위해 듣는다.

2. *다른 사람을 존중하고 서로 비방하지 않기.* 타인에 의해서가 아니라 스스로가 자신을 정의할 권리가 있다.

3. *개인적 경험을 말하기.* "당신은"이라는 단어보다 "나는"이라는 단어로 문장을 시작해 본다. 또 "나는 ~을 경험해봤어요." 라는 식으로 말한다.

4. *방해와 간섭 최소화하기.* 한 사람이 말을 끝낼 때까지 직접 또는 그 사람을 놓고 양옆에서 말을 주고받는 식으로 방해해서는 안된다.

5. *비밀보장하기.* 대화를 나눈 내용을 그룹 밖에서 대화의 내용이 무엇이었는지에 대해 이야기해 볼 수 있으나, 누가 어떤 내용을 말했는지에 대해서는 언급하지 않아야 한다.

둘째로, 기본 지침을 함께 정한다는 것은 근본적으로 참가자 모두가 동등하다는 -적어도 그룹이 당면한 과제 내에서라도- 사실을 암시한다. 이처럼 모두가 동등한 상황은 꽤 드문 일이기도 하다. 정도의 차이가 있겠지만, 사람들이 상호작용하는 상황 대부분에는 누군가의 권위가 다른 이보다 더 높은 관계의 위계질서가 있기 때문이다. 만약 대화가 참여자들 사이에 존재하는 진실을 함께 찾기 위한 과정을 기본으로 한다면, 이 과정에 참여하는 모든 사람에게 동등한 기회가 주어져야 하고, 그 누구도 권력을 행사하는 모습을 보이지 않도록 해야 한다.

기본규칙을 정하는 것은 그룹이 지켜야 할 행동이 무엇인지 인식하게 한다.

일반적으로 기본규칙을 정하는 데는 두 가지 방법이 있다. 시간 정해져 있는 상황에서 사용 가능한 한 가지 방법은 기본규칙 항목을 만들고 사람들에게 그것을 지킬 수 있는지 직접 묻는 것이다. 또한, 각 참여자에게 염려가 되는 규칙이나 수정하고 싶은 조항이 있는지 묻고, 고칠 기회를 주어야 한다. 아무런 반응이 없다고 해서 사람들이 규칙에 동의했다고 너무 성급하게 추측하지 않도록 조심해야 한다. 제안된 기본규칙을 수정할 수 있는 충분한 시간을 갖고 난 뒤, 진행자는 전체 참여자들에게 규칙을 기꺼이 따를 것인지 그리고 상호책임을 질 것인지에 대해 공식적으로 동의를 구해야 한다. 진행자는 시간을 효율적으로 사용하여 기본규칙을 점검하고 신속히 대화로 넘어가도록 해야 한다.

기본규칙을 정하는 또 다른 방법은 그룹으로부터 그 규칙을 이끌어 내는 것이다. 사람들이 기본규칙을 정하는 일에 자기 생각과 에너지를 들이면, 그 규칙을 더 잘 지키는 경향이 있다. 이 과정은 많은 시간이 있어야 한다. 그러나, 기본규칙을 함께 만드는 일은 그룹의 염려, 두려움, 혹은 서로 다른 성향을 파악하는 데 도움이 된다.

기본규칙과 별도로 그룹의 대화를 더 깊고 진지하게 할 수 있게 하는 심화규칙은 아래와 같다.

대화를 더 깊고 진지하게 할 수 있는 심화시키기 위한 기본 규칙

1. 질문하기. 사람들에게 여러가지 관점을 생각하게 하고 그들의 근본적인 전제를 설명할 기회를 주도록 솔직하고 진지하게 질문한다.

2. 어려운 상황 이겨내기. 대화 동안 긴장감이 일더라도 끝까지 대화를 마치겠다고 약속한다.

3. 대화의 목적 이해하기. 대화의 목적은 개인 간의 이해를 증진시키는 것이다. 문제를 해결하거나 완벽한 동의를 이끌어내려는 것이 대화의 목적이 아니다.

4. 공통의 기반 인식하기. 사람 사이에는 틀림없이 공통점이 존재한다. 그 공통점이 무엇인지 찾아본다.

5. "상처" 후에 교육하기. 만약 누군가가 상처를 주는 말을 한다면, 단순히 외면해 버리지 않는다. 그 사람과 그룹에 왜 그 말이 상처가 되는지 알려준다.

사람들이 기본규칙을 잘 따르게 하는 한 가지 전략은 "다음으로

넘어가기 전에, 우리가 다른 사람을 존중하였고, 모든 사람에게 말할 기회를 주었다는 사실에 동의할 수 있을까요?"라고 물어보는 것이다. 이 질문에 대해 "아니요"라고 말하는 사람은 거의 없을 것이며, 이 질문은 사람들이 언제 대화를 방해했는지 혹은 언제 무례한 행동을 했는지 발견하도록 도와준다.

진행자 역할 정의하기

진행자는 대화 과정 내내 참여자들을 이끈다. 진행자는 주제나 영역에 관한 전문가라기보다는 과정 전문가이다. 그들은 대화가 집중될 수 있도록 하고, 참여자들이 다양한 관점을 고려할 수 있도록 도우며, 그룹 토론을 요약한다. 그들은 적극적으로 듣고 정중하게 말하도록 방향을 제시한다.

진행자가 어떻게 대화를 진행하는지 6장에서 자세히 소개하겠지만, 진행자로서 해야 할 분명한 역할과 관련된 중요한 사항들에 대해서 먼저 설명하고자 한다.

> » 진행자는 그룹의 의견이 어떻게 같고, 어떻게 다른지 발견하도록 돕는다. 진행자는 자신의 의견을 홍보하거나 공유하지 않는다.
> » 진행자는 모든 참여자가 대화에 기여할 수 있도록 기회를

준다.

» 진행자에게는 기본규칙을 따르게 하는 주요한 책임이 있다. 물론 이 책임은 그룹 전체가 공유해야 한다.

2단계: 경험과 관점 공유하기

대화를 설계하는 데 있어 두 번째 중요한 요소는 경험을 공유하는 것이다. 사람들은 종종 우리가 모두 각기 다른 방식으로 삶을 경험한다는 사실을 잘 인식하지 못한다. 대화를 통한 배움은 서로 다른 배경에서 살아온 사람들의 경험에 얼마나 많은 유사점과 차이점이 있는지 탐색하는 과정 중에 이루어진다. 가장 이상적인 상황이라면, 참여자들은 그들의 신념이 자신이 겪은 독특한 경험에 의해 형성되었다는 사실과 다른 사람들의 다양한 의견이나 이해 또한 서로 다른 경험에서 비롯되었다는 사실을 알게 될 것이다.

준비하기 Warming up

진행자들은 어떻게 하면 큰 주제에서 벗어나지 않는 가운데 도입부를 자연스럽게 끝맺을 것인지 대략적인 계획을 갖고 있어야 한다. 어려운 주제들을 본격적으로 다루기 전에, 그들에게 그 주제와 관련된 경험이 있는지 이야기해 보도록 하는 것이 좋다. 예를 들어

"당신이 소외당했다고 느꼈을 때가 언제인지 묘사해 주세요"와 같은 질문을 해보라. 대화 도입부에 이런 질문을 하는 것은 여러 측면에서 유용하다.

첫째, 이러한 종류의 질문은 교육적이며 자신이 민감했던 경험과 연관 지으면서 서로에 대한 공감을 불러일으킬 수 있다. 둘째, 만약 대화가 "인사이더insider" 또는 다수에 포함되는 사람들로만 이뤄져 있거나 소수집단 또는 "아웃사이더outsider"로만 이뤄져 있다면, 다수집단의 사람들은 몇몇 소수집단 사람들이 소외당하고 있다는 느낌을 알지 못할 것이다. 소수집단 또는 "소외집단out-group"의 구성원들은 다수의 "내부집단in-group" 지위를 인식하며 종종 그 지위는 고정되어 있다고 생각할 것이다. 아이들 사이에는 "아웃사이더"의 경험이 거의 보편적이다. 따라서 모든 사람들은 어느 정도 아웃사이더가 될 가능성이 있다는 사실을 인정하는 것은 외집단 구성원들에게 도움이 될 수 있다.

개인의 경험과 관련 짓기

진행자는 참여자들이 자신의 경험을 여러가지 각도로 들여다 볼 수 있도록 중립적인 질문을 던질 필요가 있다. 예를 들어, 동성애에 대한 대화는 "당신이 동성애에 대해 처음 알게 된 계기가 무엇이었나요?"와 같은 중립적 질문으로 시작할 수 있다. 공동체 발전에 관한 대화라면 "공동체가 가장 협력을 잘 했던 때에 대한 이야기를 해주세요"라는 식으로 시작할 수 있다. 대화를 할 때는 참여자들이 주제에 관련된 경험을 공유할 수 있도록 명확하되 열린 질문open-ended question이 필요하다. 또한, 그 질문은 주제의 다양한 관점을 조명하는 전체적인 이야기들을 이끌어 낼 수 있는 것이어야 한다. 그리고 그 질문이 참여자들로 하여금 각 사람의 경험이 저마다 소중한 가치를 갖고 있다고 여길 수 있도록 해야 한다.

이상적으로는 각 참여자가 자신의 경험을 깊이 있게 공유할 수 있어야 한다. 따라서 진행자는 어떻게 하면 자신의 이야기를 일반화시켜 그룹 안의 다른 사람들에게 잘 믿도록 할까 궁리하지 못하도록 도와주어야 한다. 개인의 경험을 나누는 목적은 상투적인 이야기를 나누게 하기 위함이 아니다. 다음의 질문들은 참여자들이 자신의 이야기를 솔직하게 나누도록 도와줄 것이다.

솔직하게 경험을 나누도록 하기 위한 질문 예시

» 이 주제/갈등이 개인적으로 어떤 영향을 미쳤습니까?

» 이 주제에 대해 어떻게 대처하고 있습니까?

» 이 주제를 다루는 데 있어 가장 큰 염려는 무엇입니까?

모든 참여자를 포용하기

질문은 어떤 한 그룹에 특권을 주거나, 몇몇 참여자들의 경험에 만 초점을 두어서는 안 된다. 따라서 진행자가 각 참여자에게 진정한 관심을 보이고 모든 사람이 자신의 경험을 충분히 이야기할 수 있도록 기회를 줘야 한다.

예를 들어, 인종에 관한 대화에서 첫 번째 질문으로 "당신의 부모님은 인종차별에 대해서 무엇을 가르쳤나요?"라고 묻기보다는 "당신의 부모님은 인종에 대해서 무엇을 가르쳤나요?"라고 묻는 것이 일반적으로 더욱 도움이 될 것이다. 인종차별에 대한 질문은 인종차별을 겪었던 그룹으로부터 더 많은 이야기를 하도록 유도할 것이며 그런 경험이 없는 사람들에게는 그렇지 않을 것이다. 질문 그자체를 어떻게 표현하는지에 따라서 그룹의 어떤 사람들은 다른 사람들보다 주제에 더 적절하게 표현하거나 아니면 더 사실적으로 표현하게 됨을 알 수 있다.

편견에 사로잡혀 있는 질문은 그룹에 많은 부정적인 결과를 가져온다. 편견에 사로잡혀 있는 질문은 우선, 고정관념을 뛰어넘도록 돕기보다는 고정관념을 강화한다. 그룹 구성원이 토론 중에 자신의 경험이 존중받지 못하고 있다고 느끼면 그들은 대화에 참여하지 않거나, 심리적으로 그 대화를 "떠나버리거나" 아예 토론장을 떠나게 될 것이다. 일단 이러한 상황이 일어나면, 자신의 경험을 공유했던 구성원들은 그 대화가 누군가에게 보여주기 위해 "포장된 것"으로 느끼며 대화에 참여한 것에 대해 씁쓸해할 것이다.

　명백히, 이러한 역동성은 개인과 그룹에 파괴적인 영향을 끼칠 수 있다. 따라서 대화의 잠재력을 극대화하기 위해서, 참여자 자신이 대화에 기여할 만한 가치있는 무언가를 갖고 있어야 한다.

경험을 나누면서 분석 더하기

　경험을 나누는 이 단계에 존재하는 한 가지 위험은 몇몇 참여자들이 자신들의 개인적인 경험을 공유할 때 문제에 자신들의 분석이나 의견을 덧붙이는 것이다. 다른 사람의 경험을 듣거나 질문하는 동안 진행자는 참가자들이 자신의 경험을 묘사하는 데 집중할 수 있도록 돕는다. 설령 위험한 일이 발생한다고 해도, 진행자는 그 토론의 진행을 중지해서는 안 된다. 왜냐하면, 이러한 참여자들의 의견 또한 자신을 알아가는 전반적인 교육의 한 부분이기 때문이다.

　만약 경험을 나누는 이 단계가 잘 진행된다면, 참여자들은 자신의 경험이 당면한 이슈에 대한 관점과 의견을 형성하는 데 어떠한 영향을 주는 지 더 명확하게 인식할 수 있을 것이다. 어떤 참여자들은 이러한 생각을 거부할 지도 모른다. 그리고 어떤 사람들은 자신의 의견과 다른 경험을 가진 사람들을 의심하거나 비난할지도 모른다. 따라서 단계 3에서는 참여자들이 왜 서로 다른 경험과 관점을 갖는지에 대해 좀 더 살펴볼 것이다.

3 단계: 다양성과 공통성 탐색하기

일단 참가자들에게 자신의 경험을 공유할 기회를 주고, 그들이 나눈 경험과 시각이 다른 이유를 설명해 줄 수 있는 근본적인 조건들이 무엇인지 찾아보도록 대화를 발전시킨다. 사람들은 자신의

경험의 다양성 탐구를 위한 예시 질문

1. 갈등/이슈가 우리 공동체에 어떻게 영향을 미치고 있는가?

2. 우리가 보는 것에 대해 어떤 변화가 일어났는가?

3. 갈등이 우리가 함께 일하는 방식에 어떻게 영향을 주었나? 우리 사이에 새로운 긴장감이 생겼는가?

4. 문제를 제대로 언급하지 못하도록 만드는 상처는 무엇인가?

5. 이 문제를 해결하기 위해서 우리가 적용할 수 있는 공동체의 가치는 무엇인가?

6. 갈등의 원인은 무엇인가?

7. 이 문제에 어떤 역사가 얽혀있는가?

8. 우리 사이에 그 문제의 역사에 대한 이해의 차이가 있는가?

9. 이 문제/갈등을 키우는데 가장 큰 영향을 끼친 것 세 가지를 든다면 무엇인가?

관점을 "진리"로 여기지만 다른 이의 관점은 "잘못된 것"으로 보는 경향이 있다. 3단계에서 참가자들은 모두 "우리의 경험과 시각이 그토록 다른 이유는 무엇일까?" 함께 살펴보도록 한다.

이쯤이면 참여자들이 서로 간의 감성적 유대를 형성하고, 분열을 일으키는 이슈에 대한 서로의 다른 시각을 일축하려는 경향이 줄었으리라 기대해 볼 수 있다. 만약 대화가 잘 진행되고 있다면, 참가자들이 자신의 선입견에 여간해서는 잘 들어맞지 않는 다른 이의 견해를 잘 듣고 있다는 것이며 , 다른 이들과 함께 진실에 대한 더 큰 이해를 추구하고 있다는 의미이다.

이번 단계에서는 참가자들을 도와 모든 사람의 경험을 더 큰 맥락에서 다시 검토하려 한다. 2단계의 핵심 질문이 "당신의 경험은 무엇입니까?"였다면, 3단계의 핵심 질문은 "무엇이 우리의 경험과 관점에 차이를 낳았을까?"이다.

앞에 예시된 질문들은 참여자들이 대화하는 동안 개인 간 그리고 하위 그룹 간의 다양성과 공통성을 인식하도록 도와줄 것이다. 또한 이 질문들은 사람들의 시각이 어떻게 실제를 해석하게 하는지 깨닫게 한다. 참여자들은 문제를 형성한 요소들에 대해 탐구해보고, 자신이 문제를 해결하는데 어떤 역할을 하는지 돌아보도록 돕는다.

코커스^{Caucus}: 비공식 대화

대화 진행에 있어 참여자들을 소단위로 나누거나 비슷한 경험을 가진 사람들끼리 나누는 것이 도움이 될 수 있다. 코커스는 참여자들이 잠재적으로 민감한 대화 주제를 더욱 깊게 탐구해보도록 그룹에서 비슷한 배경을 가진 사람들을 따로 모아 대화를 하는 과정이다. 가족 간의 대화를 예를 들면, 아이들이 자신들의 경험과 필요를 분명히 표현할 힘을 실어주기 위해 진행자가 아이들과 부모를 따로 코커스할 수 있다. 인종 분열에 대한 대화를 진행할 때는 다른 그룹과 대화를 진행하기 전에 사실, 생각, 그리고/또는 행동을 안전하게 탐구해 볼 수 있도록 이야기를 편하게 나눌 수 있는 그룹과 먼저 대화를 나누는 것이 도움이 될 것이다.

특히 분열을 일으킬만한 예민한 주제를 논의할 때, 코커스에서는 깊고 솔직한 모습으로 대화를 진전시키기도 한다. 예를 들어, 분열된 교회 신자들 간의 코커스 대화에서 각각의 소단위 그룹이 다른 그룹에 물어보고 싶은 세 가지 질문을 생각해 보도록 할 수 있다. 코커스에서 토론한 내용을 요약한 후, 원래 그룹 대화로 돌아와 코커스에서 이뤄진 대화 내용을 부가하며 중요한 내용을 진척시킨다.

아래 글상자 안의 질문을 바로 던지기 전에, 그룹이 가지고 있는 다양한 경험과 관점들을 참가자들이 인식하고 있다는 점을 분명히

하라. 어떤 경우에는 2단계에서 이뤄졌던 비슷한 방식의 대화를 꽤 따분하게 느낄 수도 있다. 또 어떤 경우에는 참여자들이 경험한 내용 중 비슷한 점과 다른 점을 진행자가 강조하여 참여자들에게 알려줄 필요도 있다. 그룹의 유사점과 차이점이 무엇인지 구분하는 과정은 2단계에서 3단계로 넘어가는 과정을 수월하게 한다.

코커스 모임을 위한 추천 질문들

» 이 문제를 논의하기 위해서 우리는 반대입장으로부터 무엇을 알아야 하는가?

» 현 상황으로부터 우리는 어떤 이익을 얻고 있으며 어떤 고통을 받고 있는가?

2단계에서 표출되었던 다양한 이야기들을 분류할 때, 참여자들은 종종 *인식*의 문제를 제기한다. 사람들 또는 그룹 중 어떤 이들은 편집증 성향이 있어서 사람들의 행동에 대해 다르게 설명을 하는 사람들을 자신에 대한 홀대로 받아들인다. 역으로, 어떤 사람들은 다른 그룹의 그런 "상황을 전혀 이해하지" 못해 그룹의 역동성을 제대로 보지 못한다고 주장하기도 한다.

진행자가 이러한 문제를 해결하지 않아도 되지만, 분위기를 조정하여 참여자들이 이러한 시각들을 조율하고 서로 다름에 대한 공통된 이해를 발전시킬 수 있도록 해야 한다. 진행자는 인식이 우리의 경험에 끼치는 역할이 어느 정도인지 짚어 주는 것도 좋을 것이다. 진행자의 주된 임무는 질문에 대해 정당하고 솔직한 탐구가 이루어지도록 돕는 것이다.

진행자의 부차적인 임무는 참여자들이 한걸음 뒤로 물러나 그들 중 누구도 그 문제를 일으키지 않고 있다는 사실을 좀 더 객관적인 시각으로 보여주는 일이다. 대부분의 경우 문제는 대화에 참여한 사람들에 의해서 생기지 않는다. 오히려 역사적 또는 제도적 행동이 서로 혼합되어 시간의 간격을 뛰어넘어 여러 그룹에 걸쳐서 문제로 대물림된 것이다. 진행자는 참여자들에게 경험과 시각의 차이를 발생시킨 이러한 더 큰 요소들이 있음을 상기시켜 줄 필요가 있다.

3단계의 마지막 과제는 참여자들이 대물림된 문제를 갖고 있다고 할지라도 자신이 그 문제를 지속하거나 변화시키는 주체임을 인식하도록 돕는 일이다. 진행자의 목표는 참여자들로 하여금 그들의 시각과 행동이 서로 어떤 연관성이 있으며 보이지 않게 그 문제를 지속시키는 힘을 알아차리도록 돕는 것이다. 궁극적으로, 이러한 방식의 대화는 각 참여자가 변화의 주체자라는 사실을 강조한다.

독립적인 조사연구와 통계의 역할

리치먼드에서 열린 인종에 관한 대화에서, 우리는 매주 주말 연수회를 개최해서 도시 내의 흑인, 백인, 라틴계인, 그리고 동양인에게 다르게 적용되는 교육, 고용, 주거, 교통의 기회에 대한 사실fact을 발표하였다. 지역의 대학 교수님이 통계 자료들을 수집하고 발표하여 대화 참여자들이 도시 내 인종 그룹 간에 존재하는 다양한 차별을 인식하도록 도왔다. 이 자료는 대화의 기폭제가 되었다.

어떤 경우에는, 사실을 발표하는 것이 대화 과정을 방해할 수도 있다. 따라서 대화 중 사실을 발표할 때 이점은 무엇이며 위험요소는 무엇인지 진지하게 고려해야 한다.

대화 초기부터 사실에 초점을 둘 때 얻을 수 있는 이점

대화 과정에 참여할 사람들을 모집할 때, 어떤 참여자들은 주제에 대해 깊은 지식없이 그들이 신뢰하는 사람의 초대로 대화에 참여했을 수도 있다. 이러한 경우에는 주제와 관련된 사실을 공유함으로써 문제에 대한 인식을 증진시킬 수 있다.

만약 그룹이 이야기를 나누는 데 사실이 중요한 역할을 한다면, 처음부터 공통된 기본 지식을 공개적으로 짚어보는 것이 큰 이점이 될 수 있다. 대화 중에 참여자들이 정확하지 않은 사실을 거론하거나 서로 무엇이 사실인지 논쟁하느라 불필요한 에너지를 쏟는 것은 전혀 바람직하지 않다.

예를 들어, 무슬림과 기독교인의 관계에 대한 대화가 열린다면 미리 몇몇 연사를 초청하여 사실에 근거한 기독교와 이슬람교의 가르침과 형태의 차이를 개관함으로써 대화를 시작하면 도움이 될 것이다. 이러한 사실적 개관은 서로 다른 경험을 가진 사람들에게 자신의 이해가 다른 종교의 어떤 측면만을 경험했거나 제한된 교리만 들어 왔기 때문임을 일깨워줄 수 있다.

인종 관계에 대한 토론에서 역동성의 핵심은 "인종 차별이 심각했던 옛날에 비해서 오늘날 차별은 얼마나 줄었나?"이다. 정부로부터 재정지원을 받아 진행한 주거 차별에 대한 대규모 연구의 결과는 인종 차별에 대해 알아볼 수 있는 적절한 주제이다. 마찬가지로 인종차별에 대한 태도가 얼마만큼 완화되었는가를 보여주는 장기적 연구는 이러한 토론 주제로 적절할 것이다.

사실은 참여자들을 연결시키는 놀라운 경험을 만들어낸다.

또한, 적절한 사실임에도 불구하고 아직 잘 알려지지 않은 사실을 발표한다면 참여자들이 뜻밖의 유대감을 가질 수 있다.

사실을 공유하는 전략

대화 과정 초기에 사실을 소개하기 위해 진행자는 다양한 전략을 사용할 수 있다. 각 전략은 대화 과정에 따라 다르게 적용할 수 있다. 어떤 대화에서는 다음에 기록된 여러 가지 전략을 동시에 적용해도 좋을 것이다.

가) 자료표 또는 퀴즈. 연구조사 결과를 토대로 함께 풀 수 있게 만든 퀴즈나 자료표는 짧은 시간 동안 활용하기 좋다. 대화 내내 중요한 역할을 할 수도 있는 이 자료는 반론의 여지가 없는 사실을 보여준다는 데 의미가 있다.

예를 들어, 테네시Tennessee의 멤피스Memphis의 어떤 지역에서 어린이 비만율 증가에 관한 대화가 열렸을 때, 진행자는 청소년 비만의 유행, 음식과 운동 사이의 일반적인 관계, 음식산업의 최근 동향, 학교 동향, 물리적 환경의 요소 등을 보여주는 자료표를 배부하였다. 주제와 관련된 새로운 사실에 대한 퀴즈는 참가자들에게 사실에 대한 공통된 지식을 갖게 끔해주었다.[11]

나) 시청각 자료. 짧은 영상은 중요한 기능을 할 수 있다. 멤피스에서 진행된 비만에 관한 대화에서, 진행자들은 몸무게를 빼는 데 어려움을 경험한 한 청소년에 관한 짧은 특집 영상을 보여주었다. 그 영상을 통해, 참가자들은 비만에 의해 초래된 고통의 사회적 역학을 들여다볼 수 있게 되었고, 크게 감동하였다. 예산이 충분한 대

---

11) 멤피스에서 열린 청소년 비만에 관련한 회의는 America's Youth가 개최한 여러 지역사회 회의 중 하나였다. 이 회의에는 1,000명이 참석했다.

규모 대화에서 준비자들은 주제를 소개하기 위한 시청각 자료를 제작하는데 상당량의 자원을 투입하기도 한다.

다) 직접적인 발표. 권위 있는 리더나 전문가가 직접 연구한 내용을 발표함으로써 사실을 소개할 수 있다. 리치먼드에서 열린 인종에 관한 대화는 사법권의 문제가 도시 내 인종적, 경제적 분열에 어떻게 영향을 미치는지 심도 있게 조사한 지역 학자의 발표로 시작되었다. 그 발표는 40분 정도 소요되었다. 피지Fiji에서 열린 대화 과정에서는 기독교, 힌두교, 이슬람교의 리더들이 평화를 주제로 종교의 공통된 가르침이 무엇인지 발표하였다.

대화 초기부터 "사실"에 주목할 때 초래될 위험성

사실을 공유하는 것이 유익할 수도 있지만, 오히려 대화 과정을 방해하는 요인이 될 수도 있다. 특히, 논박의 여지가 있는 사실을 발표한다면, 그룹의 구성원들은 그 사실을 두고 논쟁을 벌이게 될 것이다. 어떤 이들은 대화 과정이 중립적인지 또는 관련성 있는 사실에 대한 당신의 설명이 진행자 또는 준비자의 편견을 무심코 드러낸 것은 아닌지 의심할 수 있다. 따라서 사실을 발표할 때는 회의적인 참가자들이 분란을 일으키지 않도록 유의해야 한다.

만약 사실이 영화를 보았다는 경험에 근거한 것이라면, 그룹은 영화가 강조하는 이슈에 대하여 이야기하기보다는 오히려 그 영화를 본 것 자체로 이야기의 방향을 바꿀 수 있어야 한다. 이는 어떤 사실이 그룹으로 하여금 자신들의 경험이나 시각을 다양한 각도에서 보지 못하도록 방해할 수 있음을 알려주는 것이다. 만약 이러한 일이 발생한다면, 진행자는 대화의 근본적인 이슈로 그룹의 이목을 재집중시켜야 한다.

편향적인 방식으로 사실을 제시하지 않도록 유의한다.

또한, 어떠한 참여자든 발표presentation로 인해 공격을 받거나 보호받고 있다는 느낌이 들게 해서는 안 되는 데 그 이유는 비생산적인 저항이 생길 수 있기 때문이다. 특별히 그룹 간의 역사적 갈등을 대화의 주제로 다룰 때는 더 주의해야 한다. 다시 한 번 강조하지만, 대화의 중요한 목적 중 하나는 현재 참가자들이 마주한 다른 그룹을 갈등의 원인이라고 여기는 경향에서 벗어나 공동의 책임이 무엇인지 인식할 수 있도록 나아가는 것이다.

마지막으로, 그룹에 속한 사람들 중 어떤 이들은 대화 초기에 어떤 사실을 제시하면, 이를 대화 내내 사실을 분석하라는 신호로 받아들이고 해석한다. 따라서 대화 과정 초기에 어떤 사실을 공유하는 것이 배움의 중요한 요소로 자리하여 참여자에게 새로운 대화를 경험하게 하는데 걸림돌이 될 수 있다.

단어의 핵심 개념

대화를 진행하면서 사실을 어떤 식으로 표현해야 할지 진지하게 고려해야 하는 만큼, 단어의 핵심 개념을 어떻게 사용해야 할지 진지하게 고민해야 한다. "인종차별," "비만," 혹은 "동성애"와 같은 단어의 개념정의는 항상 논쟁의 여지가 뒤따른다. 따라서 단순히 핵심 개념을 다루는 일반적인 단어의 정의를 바탕으로 대화를 설계하여거나 진행한다면, 참여자들은 이러한 일반적인 정의에 논란을 제기하며 대화를 토론으로 변질시킬 수 있다. 그렇다고 또한 진행자가 그룹과 아무런 논의 토의 없이, 자신이 이해하고 있는 중요 핵심 용어의 일반적인 개념들의 정의를 무작정 대화에 적용하는 것 또한 여전히 위험하다. 따라서 폭넓은 범위의 학자들 또는 대중 인물들이 내린 여러 종류의 정의를 모아 놓은 유인물을 통해 의견의 동일성 또는 다양성을 보여주면 대화에 도움이 될 수 있다. 진행자는 그룹 구성원들에게 그들이 사용하는 단어의 핵심 개념에 기본적으로 동의하는지 질문할 수 있다.

기록관리와 피드백

대화는 많은 사람으로부터 깊은 통찰력을 이끌어 낼 수 있다. 또한, 대화는 보이지 않게 데이터를 모으고 의견의 다양성과 공통성으로부터 중요한 주제를 추출해 낼 수도 있다. 대화를 진행하는 앞

쪽에 커다란 종이를 붙여 놓고, 대화의 각 단계마다 그 종이 위에 중요한 점을 기록하는 방법도 좋을 것이다. 그리고 대화 설계자는 구성원들이 경청을 하는 데 서로 방해가 되지 않도록, 그리고 언제 공개적인 기록을 취하는 것이 적절한지 미리 생각해 놓아야 한다.

기록된 정보를 수집하여 보고하는 일은 시간이 오래 걸리기 때문에 특히 대규모 그룹 대화에서는 더 어려운 과제다. 아메리카스피크스AmericaSpeaks는 이러한 과정을 위해서 현대 과학 기술을 사용한다. 대화를 진행하면서 각 소그룹 또는 테이블에서 노트북을 사용하여 중앙에 길게 늘어선 컴퓨터로 정보를 보내, 중요 정보들을 추출한다. 그리고 대화로부터 정리한 주요한 주제를 무선 네트워크를 통해 "주제 팀"에게 전달하여 참여자들이 동의한 중요 요점들을 뽑아낸다. 이렇게 추려진 주제는 큰 영상을 통해 전체 그룹에 다시 전달되고 각각의 참여자들은 키패드를 사용하여 어떤 주제를 선택할 것인지 투표를 한다.

물론 과학기술을 의지하지 않아도 되는 방법들도 있다. 예를 들어, 소그룹들이 대화에서 얻은 몇 가지 가장 중요한 내용이나 결론을 추려 전체 그룹의 공통된 요점을 분석하는 사람아마도 주 진행자에게 직접 제출할 수 있다.

4 단계: 실천 가능성 모색하기

대화 과정은 나눈 이야기를 실천으로 옮길 수 있도록 사람들을 고무시킨다. 따라서 대화의 마지막 단계로 실천 가능성을 모색해 본다. 어떤 그룹은 문제의 해결방안으로 개인이나 집단의 헌신을 지지할 것이다. 대화를 통해 변화를 만들어 갈 잠재력이 자신들에게 있음을 스스로 깨닫게 될 때, 참여자들은 자신있게 변화를 시도할 것이다. 때때로 어떤 사람들은 함께 계획을 세우거나, 협력 프로젝트를 시작하기도 한다. 이렇게 분열을 뛰어넘어 관계를 형성하고 상황에 대한 이해가 증진될 때, 사람들은 나눈 내용을 실천하고, 함께 협력하기 위한 현실적 필요를 보게 된다.

대화의 목적과 그룹의 내부 역학상, 실천에 초점을 맞추는 일은 전체 대화의 과정에서 볼 때 상대적으로 미미하게 보일 수 있다. 그럼에도 대화 참여자들이 상황을 변화시키고 해결하는 데 상당한 영향력을 행사할 수 있다는 사실을 깨닫도록 돕는 것은 매우 중요하다.

대화의 끝 부분에 서서, 참여자들이 긴장을 풀고 대화 과정을 되돌아보면서 무엇을 배웠는지 이야기 나눠 보는 것은 가치 있는 일이다. 굉장히 논란의 여지가 많았던 대화였을지라도, 참여자 대부분은 대화가 긍정적인 효과를 가져다주었다고 언급하였다. 진행자들은 "이 과정을 통해서 당신이 얻은 긍정적인 내용 한두 개를 이야기 해볼까요?"와 같은 질문을 통해 긍정적인 반응을 이끌어 낼 수 있을 것이다.

마지막으로 참여자들은 모임을 끝내면서 서로에 대한 감사를 표현하고 싶어 할 것이다. 대부분의 경우, 감사의 표현은 진행자의 요청없이 자연스럽게 일어난다. 마지막 시간에 정리할 기회를 주는 것만으로도 모임을 잘 끝마쳤다는 느낌을 갖게 해준다.

실천을 위한 예시 질문들

» 서로 관계를 쌓고, 경험을 공유하고, 문제에 대해 깊은 이해를 얻은 지금, 이 문제에 대해서 우리가 할 수 있는 일은 무엇인가?

» 우리의 관계를 개선하고, 우리 공동체 내의 어려움을 해결하기 위해 개인적으로 그리고 공동체로서 할 수 있는 일은 무엇인가?

» 공유된 아이디어 중에서, 협력하며 실천 가능한 내용 두세 가지를 들어보라. 우리가 함께 사용할 수 있는 자원은 무엇인가?

» 이 주제와 관련된 정책들이 이미 있다면, 어떤 것들이 있는가?진행자는 그 문제를 해결하기 위한 3~5가지의 정책에 대한 유인물을 제공할 수 있다.

» 이러한 정책 중 이 주제와 관련하여 모든 사람의 욕구를 해결해 줄 정책이 있다면 어느 것인가?

» 우리가 함께 생각해 볼 수 있는 정책들은 무엇인가?

6. 대화 진행하기

아마도 대화에서 가장 중요한 요소는 진행자의 역할일 것이다. 사실, 숙련된 진행자라면 다른 중요한 요소들이 준비되지 않은 상황이라 할지라도 효과적인 대화를 이끌어 낼 수 있다. 따라서 대화 진행자의 선택은 굉장히 비중 있는 일이다.

늘 그런 것은 아니지만 "태생적 지도자들" 또는 여러 활동에서 중요 임무를 수행하는 사람들은 진행자로 선택되기에 훌륭한 후보자들이다. 이번 장에서는 진행자의 역량에 대해 알아보고 다른 유형의 효과적 리더와 진행자는 어떤 식으로 비교되는지 논의해보고자 한다.

중요 진행 기술 및 임무

대화 진행은 쉽게 습득할 수 있는 기술로서 누구든지 배워서 능숙하게 사용할 수 있다. 다음은 효과적 진행자에게 요구되는 몇 가지 중요 임무이다.

대화의 목적을 확립한다.

대화에 참여하는 모든 사람은 대화의 목적과 초점이 무엇인지 명확히 이해해야 한다. 목적과 초점은 글과 말로 분명히 전달해 주어야 한다. 또한, 참여자들이 그것을 이해했는지 확인하고 궁금한 점은 없는지 확인해야 한다.

대화의 환경을 조성한다

참가자들에게 대화와 논쟁의 차이점을 상기시키라. 그들에게 경청의 중요성과 정중하고 솔직하게 말하는 것이 얼마나 중요한지 알려주라. 평상시 다른 사람들에게 말할 때 사용하는 방법들과 대화가 어떻게 다른지 이해할 수 있도록 도우라.

안건을 정리하고 대화 과정을 이끈다

대화 과정을 이끌어 갈 때, 가능한 참가자들에게 자신 있는 모습을 보이라. 대화 중 초점이 흐려지지 않도록 하고, 그 대화 과정 내내 사람들의 관심을 주목시켜라. 주제의 복잡성을 탐구하게 하는 열린 질문을 던져라.

기본규칙을 세운다

기본규칙을 미리 정하여 그룹에게 설명하거나 그룹이 스스로 기본규칙을 세우도록 돕는다. 또한, 참여자들이 그 규칙에 동의하는지 묻고 자신들의 대화 중 그 규칙을 잘 지키는지 관찰하도록 요청한다. 기본규칙을 위반하였을 경우, 다정하면서도 단호하게 규칙을 상기시켜 주어야 한다.

적극적으로 듣는다

참여자들이 이야기하고 있는 것을 당신이 잘 이해하고 있다고 표현하기 위해 언어적, 비어언적 경청의 기술을 보여야 한다.

그룹의 역동성dynamics을 관찰한다

모든 사람이 말할 수 있도록 기회를 주고 그 누구도 대화를 주도하거나 독점하지 않도록 주의를 기울이라. 조용하거나 내향적으로 보이는 참여자들이 있는지 점검하라. 또한, 모두가 책임을 갖고 그룹의 역동성을 관찰하도록 하며, 참가자들이 "대화 시간을 공유하고 있다"는 점을 상기시켜 주어야 한다.

모든 사람의 관점에 관심을 두고 소통하라

언급되지 않은 시각들도 드러날 수 있게끔 도우라. 진행자가 자신들의 경험과 생각에 진심으로 관심이 있다는 것을 대화에 참여한 사람들이 반드시 느낄 수 있어야 한다.

대하기 어려운 참가자들이 함께할 수 있도록 돕는다

전체 대화가 일대일 대화로 흐르지 않도록 해야 한다. 이야기를 너무 많이 하는 사람, 참여하기를 거부하는 사람, 또는 워크숍을 방해하는 사람들이 있을 경우를 미리 대비해야 한다. 또한, 그러한 참여자들이 있을 경우 자신감과 예의를 갖춰 대응한다.

요약하고 바꿔표현paraphrase한다

참가자들이 한 이야기를 요약하고 바꿔 표현함으로써 다른 사람들이 그들의 독특한 경험과 생각들을 듣고 이해하고 있음을 알게 하라. 이러한 기술은 장황하게 말하다가 중요한 점을 놓치는 사람들에게도 유용하다.

공정함을 유지한다.

모든 사람의 신뢰를 유지하기 위해, 진행자는 자신의 경험을 이야기할 때 주의해야 하며 주제와 관련해 자신의 신념을 표현하지 않도록 조심해야 한다. 진행자의 역할은 참가자들이 표현하는 관점의 유사점과 차이점을 진심을 다해 이해하도록 도와야 한다.

참가자들에게 행동으로 본을 보인다

진행자는 언어와 제스쳐를 통해 진지하게 경청하고, 존중하며 솔직하게 말하고, 그리고 기본 규칙을 지키는 일에 항상 본을 보여야 한다.

요약과 함께 끝맺기

토론을 요약하고 그룹이 다음 과정에 집중할 수 있도록 돕는다.

고급 기술과 임무

선천적으로 타고난 것이든 아니면 후천적으로 습득한 것이든 진행자의 특정한 개성은 효과적인 대화를 이끌어 가는 데 매우 중요하다.

진행자들은 자신의 리더십에 자신감을 불어넣는다

대화를 이끌면서 진행자는 언제 그 대화를 다음 단계로 넘겨야 할 지 판단해야 한다. 왜냐하면, 대부분의 경우 참여자는 자신의 대화에 너무 집중한 나머지 대화 과정의 큰 흐름을 놓치기 때문이다. 또한, 그룹이 과정 그 자체에 주목할 때, 진행자가 결정을 내리지 못하는 무능력한 모습을 보여서는 안 된다. 그룹이 참여자의 판단을 신뢰할 수 있다고 느낄 수 있어야 하며 진행자 또한 자신의 판단을 신뢰할 수 있어야 한다.

진행자가 다른 사람들에게 자신감을 불어넣는 선천적 카리스마를 가졌다면 대화의 여정을 이끌어가는 임무를 수행하는 데 많은 도움이 된다. 어떤 주제와 코멘트가 중요한지 또는 그렇지 않은지 진행자는 끊임없이 결정해야 한다. 진행자의 믿을만한 성품은 사람들이 안전하고 생산적이라고 느끼는 분위기를 조성하도록 도와준다.

진행자는 능숙한 멀티 플레이어이다

진행자들은 다양하면서도 서로 대립하는 목적을 한 번에 파악해야 한다. 예를 들면, 토론에서 말을 잘하거나 장황한 사람들이 가끔 대화의 중요한 부분을 언급하기도 한다. 그러나 그들이 언급한 것으로부터 그룹에 이익이 되는 점을 찾으려면, 진행자가 그들이 이야기하는 것의 상대적인 가치, 그들의 생각에 대해 사람들이 보이는 지루함 또는 관심, 누가 아직 주제에 대해 말을 하지 않았는지, 그리고 시간이 얼마나 남았는지 잘 파악해야 한다.

진행자는 유연하지만 지나치게 통제적이지 않아야 한다

진행자는 여러 사람이 듣고, 말하고, 배울 수 있는 환경을 조성하려는 목적 아래 대화를 과도하게 통제하려 들지 않아야 한다. 그 이유는 참여자를 통제하려 들 때, 참여자들이 상자 안에 갇힌 듯한 느낌이 들거나, 대화에 참여하고 있다는 느낌을 받지 못할 수 있기 때문이다. 진행자는 지침을 제공하되 그룹의 이야기를 경청해야 한다. 즉 스케줄에 맞춰 진행할 것인지 아니면 유연성 있게 진행할지 결정할 때도 참여자들의 에너지를 잘 관찰해야 한다.

진행자는 다양한 관점에서 상황을 이해해야 한다

많은 진행자들은 정의, 평화, 민주주의와 같은 더 큰 의미의 원칙에 자기를 헌신하며 대화에 참여해야 한다. 유능한 진행자라 할지라도 정치적, 경제적, 사회적으로 더 많은 권력을 가진 참여자들에게 무의식적인 또는 의식적인 편견이 있을 수 있다. 진행자는 자신의 편견이 대화 과정을 이끌어 가는 자신의 진행능력에 영향을 줄 수 있음을 인정하고 대화를 진행하기 전 그러한 편견이 있는지 인식하기 위해 자아 성찰을 해야 한다. 진행자들은 모든 참가자의 경험을 공감할 수 있어야 하기 때문에 모든 관점을 이해하는 능력은 필수적이다.

진행자는 침착함을 유지하며 지속적인 대화를 이끌어야 한다

진행자의 능력을 측정하는 방법으로는 그룹 내에서 발생한 감정적 격렬함에 대한 진행자의 반응을 보는 것이다. 이 감정적 격렬함은 화, 눈물, 무례함, 좌절감, 또는 다른 격렬한 감정의 형태를 띤

다. 이러한 조건에서, 진행자의 주된 임무는 여러 복잡한 감정에도 불구하고 그룹의 주의집중을 유지하는 것이다. 이것은 상당히 어려운 일인데, 그 감정이 진행자를 향한 것일 때 더 불안하고 긴장된 상황이 된다. 이러한 상황 속에서 침착함을 유지하는 것은 엄청난 단련과 내면의 힘을 요구한다. 현명한 진행자는 방어하거나 감정적 표현을 막으려고 시도하기보다는 그룹에 가장 좋은 것이 무엇인지를 생각하면서 평정을 유지한다.

진행자는 생각을 유도하는 질문을 던진다

숙련된 진행자들은 대화 설계를 하나의 지침서로 활용하고 그룹이 대화를 진전시키고 더 깊은 정도의 솔직함과 분석에 도달하도록 자발적으로 질문을 던진다. 또한, 그룹 내 공통점 또는 차이점을 인식하도록 즉석에서 질문을 만들어 내는 능력은 아주 중요한 기술이다. 진행자가 사용할 수 있도록 제안해 놓은 질문들을 보려면 5장을 참고하라.

진행자는 사람들과 유대감을 형성해야 한다

일류 진행자의 마지막 중요한 자질은 참가자들과 감정적 유대를 맺고 과정 내내 지속적 참여를 권유하는 것이다. 고도로 숙련된 진행자들은 그룹의 참여자가 주제를 바라보는 방식을 이해하고 그들이 서로에게서 배울 수 있다는 점을 전달해야 한다. 진행자로서 극

복해야 할 어려움은 자신이 참여자들 보다 더 많은 것을 알고 있다는 식으로 비치지 않도록 노력하는 것이다. 또한, 참여자들이 그들의 속도에 맞게 배우고 변화하는 과정을 안내하며 참여자들의 지속적인 참여를 이끌어 낼 수 있었어야 한다. 진행자는 참여자들이 어떤 문제에 대한 더 깊은 이해를 얻기 위한 여정 중에 있으며 진행자로서 자신은 단지 조금 앞서있을 뿐이라는 사실을 기억해야 한다.

진행자와 다른 리더의 차이점들

대부분의 천성적 리더들과 진행자들에게는 중요한 자질이 있지만 그렇다고 모두가 효과적으로 대화를 진행하는 것은 아니다. 천성적 리더들의 어떤 역할과 자질이 오히려 좋은 대화 진행을 방해하는 경우도 있다.

교사나 훈련가들은 자신들의 지혜지식를 그룹에 전달함으로써 성장과 발전을 도모하는 것이라고 이해하는 경향이 있다. 대조적으로, 효과적인 진행자는 그룹이 스스로 대화를 통해서 자신들만의 결론을 도출해 내야 한다고 생각한다.

회의를 잘 이끄는 리더들은 정해진 안건을 고수한다. 그러나 효과적 진행자들은 안건을 모두 마치는 것보다 전반적인 배움의 목적에 더 집중해야 한다.

연설을 잘하는 리더들은 사람들을 설득시키기 위해 그들의 수사적인rhetoric 기술을 활용한다. 그러나 좋은 진행자는 사람들이 자신의 것을 포함한 모든 관점을 이해할 수 있도록 돕는다.

7. 대화에서 실천으로

대화는 정보수집, 분석, 관계 형성, 의사결정에 유용하다. 또한, 대화는 사회를 변화시키는 방법이기도 하다.

이상적으로 볼 때, 대화가 실천으로 이어져야 하지만, 대화 준비자와 진행자는 어떠한 행동도 강요해서는 안 된다. 대화의 목적은 깊은 이해를 조성하는 것이며, 궁극적으로 그 이해는 참가자들이 개인적으로 또는 함께 공동의 행동을 취하도록 동기를 부여하는 모습이어야 한다. 실천에 있어 도덕적으로 강요된 느낌을 받게 하기보다는 행동의 가치를 신뢰하도록 해야 한다.

대화 기획자들과 진행자가 대화 초기부터 행동및 실천사항을 결정하도록 강요해서는 안 되지만, 자연스럽게 실천 공간을 마련하는 것은 가능하다. 이와 같은 맥락에서, 이번 장은 대화가 현실적인 변화의 요인으로 거듭날 수 있는 성공 가능성을 극대화하는 법을 모색해보고자 한다.

먼저, 어떻게 대화가 사회적 변화를 이끌어 내는 행동으로 이어지는지에 대해 표준화된 학교 시험을 예를 들어보겠다. 가령 모든 학생이 영어를 표준으로 설계한 획일적인 학교 시험을 치른다면, 영어를 잘 하지 못하는 이주민 학생들의 지적능력은 공정하게 평가 받지 못할 것이다. 만약 이주민 학생들과 그들의 가족이 다른 이주민 가족들로부터 고립되어 산다면, 이 문제는 공동체의 문제라기보다는 개인의 문제로 인식되어 버릴 것이다.사회변화 단계 도형 참고

사회변환 단계

도형: 마리 두간Marie Dugan에 의해 계발되었으며 존 폴 레더락 John Paul Lederach의 허가를 받고 사용함. "From Issues to Systems" in *Mediation and Facilitation Manual*, Mennonite Conciliation Services, 2000

그러나 만약 학교가 이주민에 대한 이슈와 학교 시험에 관련된 대화를 연다면, 사람들은 시험을 보는 방식을 둘러싼 집단적인 패턴과 여러 문제를 감지할 수 있게 된다. 사회변화 단계를 살펴보면

공동체들은 주state, 국가 구조 그리고 교육재정과 시험방식에 영향을 주는 정책에 포함되어 있다.

그렇다면 어떻게, 그리고 언제 대화를 통해 문제에 대한 효과적인 구조적 변화를 이끌어 낼 수 있는가? 어떤 문제가 갑자기 긍정적으로 풀리기 시작하는 순간Tipping Point은 언제인가?[12] 갈등을 넘어서 연대를 맺고 문제를 더욱 깊이 이해하기 위해 비판적 의식을 가진 대중을 대화에 참여시켜야 할까? 아니면 공동체의 주요 리더들을 대화 과정에 참여시켜야 할까? 변화를 이끌어 내기 위해서 대화 이외에 필요한 다른 도구들은 무엇인가? 오래된 속담은 이렇게 말한다: "당신이 가지고 있는 도구가 오직 망치뿐이라면, 모든 것이 못으로 보일 것이다." 이 속담은 대화에도 적용된다. 왜냐하면, 대화가 언제나 가장 적절한 도구가 아닐 수도 있기 때문이다. 그럼에도 대부분의 경우에 있어 대화는 첫 번째로 사용 가능한 이상적인 도구이다.

마하트마 간디와 마틴 루터 킹은 어떤 전략을 시도하기 전에 대화를 먼저 시도해야 한다고 가르쳤다. 영국의 식민지를 종결시키고자 했던 간디는 가능한 한, 영국인들을 초대하여 함께 대화를 나누어야겠다고 결심했다. 그러나 영국 대표들은 진실한 대화에 관

---

12) Malcolm Gladwell, *The Tipping Point: How Little Things Can Make a Big Difference* (New York: Little, Brown, and Company, 2002).

심이 있기 보다는 간디의 행로를 만류하려고 했고, 간디는 그런 그들의 의도를 알고 있었다. 그러나 간디는 그의 원칙을 지켰다. 그는 아주 다양한 비폭력 전략을 통해 변화를 촉구하면서 기회가 될 때마다 그를 반대하는 사람들과 대화에 임했다.

힘의 균형과 의식 고취

힘의 균형이 이뤄지지 않고 갈등에 대한 의식이 낮은 상황에서는 대화를 할 수 없을 뿐만 아니라, 생산적인 대화를 나눌 수 없다. 정치적 우위를 선점하고 있는 어떤 이들은 대화를 갈등 선상의 반대편에 서 있는 사람들과 접촉할 수 있는 그리고 사람들을 자신의 정치적 계획 안으로 끌어들일 기회로 여길 수 있다. 대부분 권력을 가진 사람들은 그렇지 않은 사람들과 만나는 것에 거의 흥미가 없다. 정치적 이점을 더 적게 가지고 있는 사람들은 대화가 수동적이라고 생각하며, 어떤 경우에는 변화를 위한 현실적인 일들을 방해한다고 여기기도 한다.

1960년대 테네시주의 내쉬빌에서 흑인계 미국 학생들은 인종 통합을 논의하고자 회의를 열려고 하였다. 그러나 시장은 그들을 만나주지 않았다. 그 학생들은 백인 지도자들과 흑인 공동체 사이의 힘의 균형이 먼저 필요하다고 생각했다. 흑인 학생들은 비폭력 행동을 조직하고 스스로 비폭력 행동을 훈련하며 농성, 시위, 인종 차별을 조장했던 상점을 보이코트함으로써 자신들의 힘을 길렀다. 이러한 행동은 언론으로부터 이목을 끌었으며 대중의 공감을 얻었다. 또한, 백인 리더들에게 백인들의 사업에 영향을 끼치는 보이코트에 대해서 무언가가 행해져야 한다는 압박을 얹어줄 수 있었다. 결과적으로 비폭력 행동은 흑인 청년들과 도시 리더들의 인종차별 철폐를 이끌어 냄으로써 성공적으로 대화의 문을 열어주었다.

아래의 도표는 그룹 간 힘의 균형이 이뤄진다면 어떻게 대화와 같은 방법이 사회변화에 이바지할 수 있는지 설명하고 있다. 갈등

사회변화 과정

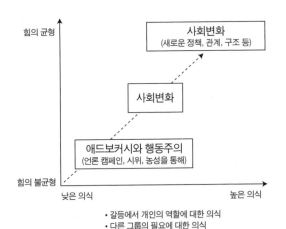

아담 컬Adam Curle의 허가를 받고 사용함. 출처: 『평화 세우기』*Making Peace*, London: Tavistock Press, 1971

의 모든 이해관계자가 이슈를 더 잘 이해한다면 대화는 더 생산적이 된다. 도표가 보여주듯이, 힘의 균형이 이뤄지지 않고 이슈에 대한 대중의 의식이 낮을 때는 먼저 대중의 의식을 고취하고 탄원, 시위, 또는 다른 상징적인 행동을 통해 집단의 힘을 보여주는 것이 중요하다. 전략적이고 집요한 옹호advocacy는 - 특히 그 옹호가 명백히 규정된 악의적 그룹의 사람들에 대한 이슈의 틀을 잡는 것을 피하려고 한다면 - 모든 그룹을 대화에 참여하도록 의지를 증진할 수 있다.

더 많은 사람 그리고 주요 인물들

대화의 효과를 연구했던 평화 프로젝트에 대한 성찰이라는 과제에서 사회변화를 이끌어 내는 네 가지 다른 접근법을 비교하였다.[13]

더 많은 사람 접근법은 이슈를 다루기 위해 더 많은 사람을 과정에 참여시키는 것을 목적으로 한다. "사람들"의 폭넓은 참여는 변화에 꼭 필요하다.

주요 인물 접근법은 어떤 상황에서 변화에 영향을 줄 수 있는 특

---

13) See Mary B. Anderson et al., *Reflecting Peace on Practice Handbook* (Massachusetts: Collaborative for Development Action, 2004).

정한 주요 리더들 또는 여론 주도자라고 여겨지는 여러 사람을 참여시킨다.

개인적 단계 접근법은 진실하고 끊임없는 사회변화를 이끌어 내기 위한 중요한 첫 번째 과정으로 개인의 태도, 가치, 시각, 또는 환경의 변화를 요구한다.

구조적 단계 접근법은 보다 직접적으로 사회정치적 또는 제도적 구조의 변화를 목표로 한다. 이러한 프로그램들은 갈등을 심화시키는 고충을 다루며 사회 안에서 갈등에 대처하는 비폭력방법을 제도화한다.

이러한 연구자들이 발견한 것대화 과정을 포함한은 구조적 차원에서 일어나는 행동과 상관없이 개인적 변화에 초점을 맞춘 프로젝트들이 정치적 혹은 사회적으로 폭넓은 이슈들을 대변하는데 거의 뚜렷한 효과를 내지 못한다는 점이다.

더 나아가 이 연구가 발견한 것은 주요 리더나 주요 그룹이 아닌 더 많은 사람들을 포함시키는 데 관심을 집중한 이러한 접근법이 사회적 문제를 건설적으로 다루지 못한다는 사실이다. 반대로, 다른 사람들을 포함시키지 않고 주요 인물에게만 초점을 둔 전략 또한 효과적이지 않다는 점을 발견하였다.14)

만약 프로그램이 한 가지 전략에만 집중한다면, 바람직한 사회

---

14) 위와 같음

적 변화를 창조하지 못한다. 그러나 의도적으로 개인들의 노력을 구조적 활동과 연계시키거나 많은 사람들과 더불어 주요 인물들을 참여시킬 때, 프로그램들은 사회적 변화를 만들어냈다.

대화과정 설계자는 더 많은 사람들 그리고 주요 인물들과 함께 할 수 있는 법을 평가할 수 있으며, 개인의 변화가 구조적 단계에 어떻게 영향을 미칠 수 있는가를 의식적으로 계획할 수 있다.

대화에서 실천으로

이상적인 대화과정은 사람들이 관계를 형성하고 함께 행동을 취하고자는 사람들의 비전과 열망을 증대시키도록 새로운 네트워크를 발전시킬 공간을 마련해 준다. 5장에는 사람들이 개인적으로 혹은 함께 실천할 수 있는 일들이 무엇인지 파악해 볼 수 있도록 여러 유형의 질문을 제시하였다.

대화를 행동으로 전환시키는 이 과정에서 대화의 주제를 놓고 충분히 대화할 수 있도록 공간과 시간을 마련해 주는 일은 아주 중요하다. 만약 사람들이 대화의 마지막 과정인 실천 계획 부분을 단순한 추가 사안 혹은 긴 하루를 끝내기 위해 시덥지 않은 태도로 처리하는 느낌을 갖는다면, 대화의 결과로 효과적인 실천을 기대할 수 없을 것이다.

8. 대화 효과 평가하기

대화를 활용하는 사람이나 단체들은 대화의 효과를 평가하는 일에 에너지와 자원을 들이지 않는다. 그러나 여러 재단과 단체들은 자신들에게 재정지원을 요청하는 지원자들에게 재정지원의 정당성을 증명할 것을 요구하기 시작하면서, 평가를 게을리하는 관행도 많이 변하기 시작하였다. 그리고 어떤 단체들은 대화가 제도적/구조적 변화로 전환되지 않는 소프트 활동이라고 여기기도 한다. 이러한 이유로, 단순한 평가일지라도 사람, 그룹, 구조에 미친 대화의 영향을 보여주는 대화 효과 평가는 꼭 수행해야 한다.

대화 평가의 측면들

이번에는 대화를 평가하는 다섯 가지 기본 모형을 소개하고자 한다. 이 모형에서 대화와 같은 사회적 개입은 지식, 의식, 동기, 기술, 타인과의 유대라는 다섯 가지 측면에 걸쳐 대화 참가자들에게 영향을 끼치는 효과가 있다.

지식

대화를 통해 참여자들은 어떤 지식 또는 얼마만큼의 지식을 얻을까? 지식은 이슈와 관련한 중요한 사실들이나 개념에 대한 참여자의 이해도를 말한다. 만약 대화 설계자들이 사실을 전달하기 위해 자료표, 프레젠테이션, 또는 시청각자료를 사용한다면, 참여자들이 실제로 얻는 지식의 증가를 평가할 수 있다. 이러한 사실과 개념은 다른 그룹에 미치는 이슈의 영향, 이슈의 유행률 또는 중요 차이점을 보여줄지도 모른다. 사실에 대한 지식은 논의된 문제의 원인과 역동성에 대한 설문을 통해 측정 될 수 있다.

의식

의식은 참여자들의 행동과 거론되고 있는 이슈 사이의 연관성을 어떻게 인식하는가에 관한 것이다. 사실에 대한 지식만큼은 아니라 할지라도, 감성지능은 매우 가치 있는 것으로 여겨지고 있다. 어떤 문제상황에서 참여자들의 역할에 대한 의식 향상과 변화에 대한 개인적, 전체적 자신감은 대화의 효과로 측정할 수 있다. 대화전과 후의 인식변화는 참여자들의 역할이 무엇인지 물어봄으로써 측정할 수 있다.

동기

동기는 참여자들이 문제를 해결하기 위해 홀로 또는 함께 행동을 취하고자 하는 정도에 초점을 둔다. 동기는 대화의 결과로써 개인이나 전체적으로 행동을 취한 사람의 수를 통해 측정될 수 있으며, 가능하다면, 그 행동의 종류와 행동의 영향을 평가해 보는 것도 좋을 것이다.

기술

대화 참여자들은 대화 과정을 통해 다양한 기술을 배우거나 향상시킬 수 있다.

참여자들은 서로를 존중하며, 세심하게 경청하고, 공감하는 법을 배우며, 정중하고, 솔직하고, 자신 있게 말하는 의사소통 기술을 향상시킬 수 있다. 또한, 문제 해결 능력도 향상시킬 수 있다. 변화를 이끌어내기 위해 참가자들이 해야 할 일이 무엇인지 보다 구체적으로 생각을 발전시킬 수 있다. 이러한 기술들은 참여자들의 개인적 의사소통 기술과 문제 해결 능력이 얼마만큼 향상되었는지 평가함으로써 측정 가능하다.

타인과의 연대

타인과의 연대란 대화를 통해 알게 된 사람들과 맺은 관계의 양과 질에 관련된 것이다. 현대사회에서 의미 있는 관계는 사라지고 있지만, 사람들은 대화의 과정을 통해 타인과 관계를 맺게 된다. 문제 해결을 위해서는 그룹의 협동이 필수적이다. 타인의 연대를 측정하기 위해 참여자들에게 대화를 마친 후에, 이메일, 전화, 또는 개인적 연락의 정도가 증가했는지 또는 변화를 도모하기 위한 공동의 노력을 실천하고 있는지를 물어볼 수 있다.

데이터 수집 전략

데이터 수집 전략은 크게 인터뷰와 같은 질적 과정, 설문조사 같은 양적 과정 두 가지로 구분된다.

인터뷰

인터뷰는 대개 대화의 영향을 평가하는 가장 적절한 방법이다. 그러나 참가자의 내적인 변화와 사람들이 생각하고 느끼는 방식이 확실하게 관찰되지 않기 때문에 그 영향을 측정하는 일은 여러 가지 어려움을 수반한다.

인터뷰를 사용할 때 겪는 한 가지 어려움은 참여자에게 주는 대화의 효과가 보통 한참 뒤에 나타난다는 것이다. 그 예로, 많은 사람은 자신의 관점이 어느 정도 변했는지 한참 시간이 흐르고 나서야 제대로 알게 되었다고 이야기한다. 또 다른 어려운 점은 대화 종결 후 사람들의 인터뷰에 응하려는 의지가 급속히 줄어든다는 점이다.

설문조사

대화의 영향을 평가하는 다른 주요 방법은 참여자에게 설문으로 조사하는 것이다. 유념해야 할 것은 인터뷰가 가지고 있는 딜레마의 상당한 부분이 설문조사에도 적용된다는 것이다. 예를 들어, 설문조사의 많은 응답을 얻을 수 있는 이상적인 타이밍은 사람들이 대화 공간을 떠나기 전, 마지막 세션이 끝날 무렵이다. 반면에, 30일, 60일, 90일 후에 작성된 설문조사는 참가자에게 미친 대화의 장기적 효과를 이해하는 데 더 나은 지표를 제공한다. 대화의 마지막 세션에 설문조사를 시행할 때 마주치는 또 다른 어려움은 대화가 사람들의 활동과 행동에 영향을 미쳤는지 평가할 수 없다는 것이다.

인터뷰와 설문조사는 혼용할 수 있다. 서로 다른 정보수집 도구들을 시간 차를 두고 사용하는 것도 시도해 볼만한 방법이다. 예를 들어, 대화를 끝낼 때 인터뷰 또는 설문조사를 실행하고, 대화가 끝나고 일정 시간이 지난 후 참여자들의 경험에 대한 자료를 수집해 보는 것이다.

참여자들이 평가 과정에 참여하고 싶은지를 정확히 판단하는 일은 중요하다. 참가자들은 평가가 주로 진행자나 준비자에게 도움이 된다고 생각할 것이고, 성찰의 과정에 시간과 에너지를 제한적으로 쏟을 것이다. 따라서 먼저 당신의 목적을 위해서 얼마만큼의 데이터가 필요한지를 사려 깊게 고려해 볼 것을 권한다.

9. 새로운 세기를 위한 대화

세계는 점점 더 작아지고 있다. 서로 멀리 떨어진 곳의 사람들과 사회가 이민, 무역, 여행, 기술을 통해 더 밀접해 지면서, 한 나라 또는 지역 내에서 일어나는 일들이 다른 나라와 지역에 영향을 끼치고 있다. 그리고 세계화의 현실은 점점 더 피부에 와 닿으면서 21세기의 새로운 도전과제들이 무엇인지 보여준다.

예를 들면, 세계 기후 변화를 끝내기 위한 노력은 다른 문화, 발전 수준, 경제, 문제에 대한 취약점을 지닌 나라들의 에너지 소비 패턴과 함께 거시적으로 논의되어야 한다. 중국에서 새로운 석유 자원을 시추한다는 결정은 아이오와Iowa의 석유 가격에 영향을 미친다. 또, 한 나라에서 유행하는 치명적인 병이 비행기를 통해 세상의 무수한 도시로 확산될 수 있다. 한 지역의 높은 실업률, 범죄, 폭력은 다른 지역에 사는 사람들을 위협하는 테러 단체 활동에 자극을 주기도 한다.

국가 간의 의존성이 높아짐에 따라 세상이 작아지면서, 이민이나 다른 인종 간의 혼인 같이 새로운 방식을 통해 문화의 다양성을 경험하기도 한다. 동시에 소수의 목소리를 의사결정 과정에 포함하려는 기대도 증가하고 있다.

새로운 세기에는, 세계 곳곳에서 대화를 이끌어 낼 수 있는 역량을 간절히 필요로 한다. 의사결정 과정에는 다양한 이해당사자들을 모두 포용해야 하는 어려움이 있으나 이에 대응할 수 있는 적절한 방법이 바로 대화이다. 그 이유는 사람들이 대화를 통해 상대방의 가치, 종교나 문화의 정체성, 삶의 경험과 관점에 대한 이해를 높일 수 있기 때문이다. 대화는 다양한 사람들이 가진 경험과 필요에 대한 이해를 깊이 발전시키면서 시민과 정치인들로 하여금 더 많은 사람이 "승자"가 되고 더 적은 사람이 "패자"가 되는 사회를 만들 수 있게 돕는다. 다시 말해, 대화는 모든 이해 당사자들이 가장 잘 받아들일 수 있는 해결책을 찾기 위한 협력과 창조적인 힘을 활용할 수 있도록 도와준다.

만약 정치지도자들이 중동과 다른 교전 지역에서 일어나는 분쟁의 근본적인 원인을 해결하고자 한다면 국제적 차원에서 강압적인 외교를 대화로 대체시킬 필요가 있다. 숙련된 국제 협상가들이 협상에 대화의 요소를 포함하기는 하지만 정부 주도에 의한 외교 또는 트랙 원 외교Track I Diplomacy: 국가 간의 외교는 대화의 특징인 경청과 이해보다는 강압과 힘에 근거한다.

국제적 대화는 종교, 언론, 학자, 시민사회 지도자들에 의해서 자주 행해지고, 효과가 매우 크다. 이것을 트랙 투 외교Track II Diplomacy라고 부른다. 예를 들면 2007년 봄, 이란에서 미국 교회 지도자 대표단과 이슬람 지도자들이 만났고, 그 목적은 두 나라 간의 전쟁을 예방할 방법들에 대해 대화하기 위해서였다. 이 대화는 교회 지도자들이 이슬람 지도자들에게 이라크 전쟁에 대해, 아부 그라입Abu Ghraib과 같은 감옥에서 사용되었던 고문에 대해 이야기 했고, 수많은 희생자에 대해 사죄할 수 있는 공간을 만들었다. 연구자들은 이러한 사과의 행위가 공식적인 협상에 영향을 주고 외교적 결과에 힘을 실어주었다고 입증했다.15)

코소보 언론인들이 인종 갈등과 평화를 위해 그들의 뉴스 보도가 지닌 영향에 대해서 서로 대화한 것도 트랙 투 외교의 좋은 예라 할 수 있다. 이스라엘과 팔레스타인에서는, 갈등의 양측에 있는 여성그룹들이 평화의 초석을 함께 다져가는 방법에 대해 대화를 열고 있다. 이처럼, 비공식적 대화에서는 종교지도자 또는 언론인들이 모두 함께 생각을 나누고, 갈등을 해결하는 비전통적인 선택들을 모색해보거나, 또는 갈등에 연관된 더욱 심오한 이슈들을 이해하고자 노력하고 있다.

---

15) Richard Bilder, "The Role of Apology in International Law and Diplomacy," *Virginia Journal of International Law 46* (Spring 2006).

트랙 투 외교는 트랙 원 또는 공식적인 외교 노력을 보완해주며 대화 요소와 기술을 포함하는 경향이 있다. 트랙 투 외교의 대화는 상위정치high-level politics와 공식적인 외교 노력이 가진 체면 세우기 식의 특징을 뛰어넘는다.

대화는 민주주의의 핵심이다.

대화는 사람들이 함께 생각하도록 돕는 것으로 민주주의의 결정체이다. 건강한 민주주의의 중심에 있는 사회적 보호와 시민 행동 정신은 사람들이 자신의 가족과 공동체, 종교와 국가에 영향을 미치는 여러 결정에 대해 배우고 이해하며 그 결정들을 형성하는 과정에 참여하는 태도를 요구한다.

각자 다른 상황에 있지만 어렵고 민감한 주제에 대해 더욱 효과적인 소통방법이 있다는 사실을 이 책이 알려 주었기를 바란다. 다음 세기에 펼 쳐질 인류의 삶은 개인과 공동체, 그리고 인류 구성원이 무기, 강압적인 힘보다는 대화를 사용하여 우리 앞에 있는 도전들을 창의적으로 해결해 갈 수 있는지에 달려있다.

부록: 회합을 확대하기 위한 도구들

지속 가능한 대화 과정이 지닌 어려움을 극복하는 데에는 두 가지 도구가 있다. 의도/영향 도구는 지난 사건을 분석하는 데 도움이 된다. 환경 탐사는 대화에 참여한 양측이 현재 진행되고 있는 상황을 공동으로 분석할 수 있도록 돕는다.

의도/영향 도구

이 도구는 같은 사건에 대해서 서로 다른 경험을 가진 사람들에게 도움이 된다. 이 도구는 특히 누군가가 상대에게 불쾌감을 주는 방식, 무례하거나 부적절한 방법으로 행동했다고 느끼는 경우에 더욱 유용하다. 이 도구를 사용하기 위해 진행자는 다음의 단계를 따른다.

가능하다면, 한 개인의 긍정적 의도가 다른 사람에게 부정적인 영향을 끼칠 수도 있다는 사실을 설명하는 간략한 이야기를 먼저 들려준다.

1. 이 두 가지 패턴의 반응을 묘사해라.

   a. 만약 누군가의 행동이 우리를 좌절시키고, 상처입히거나 분노를 일으킨다면, 우리는 우리에게 끼친 부정적 영향에 대해 집중하는 경향이 있고 종종 다른 사람/그룹이 나쁜 의도를 가지고 있다고 추측해버린다.

   b. 만약 우리의 행동이 누군가를 좌절시키거나, 상처를 입히고 또는 분노를 일으킨다면, 우리는 우리 의도의 긍정적인 측면에만 집중하고 다른 사람/그룹에 미친 부정적인 영향은 최소화하는 경향이 있다.

2. 의도와 영향 사이에 차이가 있는 상황을 검토해보도록 요청하고 이 도구를 통해 참여자 모두가 마주하는 상황의 더 큰 그림을 행해 나아가도록 한다.

환경탐사: 상황 이해하기

환경 탐사는 이해당사자들이 과거, 현재, 그리고 미래의 긍정적이고 부정적인 측면들을 2×2 매트릭스 안에서 분석해 볼 수 있도록 돕는 도구이다.[16]

	과거/현재	미래
긍정적인 것		
부정적인 것		

각 칸은 다음과 같이 정의 내릴 수 있다. 과거/현재와 긍정적인 칸에는 자랑스러운 점이나 사람들이 유지하고 싶은 상황을 적는다. 과거/현재와 부정적인 칸에는 이해당사자들 사이에서 좌절과 불평을 조장하는 상황을 적는다. 미래와 긍정적인 칸에는 사람들이 앞으로 새로운 것이나 향상되었으면 하는 희망 사항을 적는다. 마지막으로 미래와 부정적인 칸에는 사람들이 절대 존재하길 원치 않는 우려되는 새로운 문제를 적는다.

	과거/현재	미래
긍정적인 것	자랑스러운 점	희망사항
부정적인 것	불만사항	염려되는 새로운 문제

---

16) Environmental Scan은 Barry Johnson 박사가 발전시킨 것이다. 그의 연구 업적들은 www.polaritymanagement.com에서 열람이 가능하다.

변화를 원하는 이해당사자들여기서는 "변화 옹호자"라고 지칭되는은 불평과 희망 사항에 자신들의 관심을 집중할 것이다. 반대로, 변화를 원하지 않는 이해당사자들여기서는 "지속성 옹호자"라고 지칭되는은 자랑스러운 점과 우려되는 새로운 문제에 주목할 것이다. 양측 모두 제도에 대한 정확한, 그러나 불완전한 평가를 만들 수 있음에도 변화 옹호자와 지속성 옹호자 사이의 갈등은 대화 내내 걸림돌이 되기도 한다. 이 도구의 목적은 참여자들이 큰 맥락에서 제도를 이해하고 쉽게 지나칠 수 있는 시스템에 대한 자신의 관점을 되돌아볼 수 있도록 돕기 위한 것이다.

이 도구를 사용하기 위해 따라야 할 필수적인 과정은 다음과 같다.

1. 제도의 모든 측면을 검토해보려는 노력의 일환으로써 대화의 틀을 짠다. 어떤 이해당사자에게는 앞의 2×2매트릭스를 통한 설명이 도움될 것이다. 다른 상황에서는, 더 단순한 형태로 대화의 틀을 구성하는 것만으로도 충분할 수 있다. 예를 들면, 우리가 좋아하는 것, 좋아하지 않는 것, 그것이 미래에는 어땠으면 하는 점 등을 검토해보는 시도로써 대화를 구성할 수도 있다.

2. 매트릭스를 사용하여 차례로 대화를 발전시키며 모든 이해당사자로 하여금 그들의 시각을 공유하도록 한다. 진행 순

서는 자랑거리, 불평, 희망 사항, 염려되는 새로운 문제들이다. 모든 참여자가 각각의 네모 칸에 적어도 한두 개의 생각을 기여한다면, 유용한 도구가 된다.

3. 10명에서 60명 사이의 그룹이라면, 참가자들을 5~8명으로 무리지어 앉힌다. 사람들은 매트릭스의 칸 하나하나를 짚어보며 인덱스카드나 포스트잇을 사용하여 생각을 더 해 본다. 또는 사람들에게 각각의 매트릭스에 2분씩을 써서 칸에 해당하는 자신의 아이디어 3~5개를 적게 한다. 그리고 주제별로 그들의 아이디어를 그룹 짓고, 그 아이디어들을 큰 매트릭스에 가져다 붙이게 한다. 이 과정을 통해 모든 그룹은 제도 안의 사람들이 그 제도를 어떻게 바라보는지에 대한 폭넓은 시각을 습득하게 된다.

환경탐사를 요령 있게 사용하면 세 가지 측면에 기여할 수 있다.

1. 다른 관점을 가진 사람들과 비교하여 참여자 자신의 진실한 모습을 보도록 통일된 대화의 틀을 마련해 줌으로써 격한 갈등을 줄일 수 있다.

2. 종종 변화 옹호자뿐만 아니라 지속성 옹호자 또한 각각의 매트릭스 칸에 형성된 포인트의 요지에 동의하기도 한다.

이 매트릭스는 이해당사자들이 서로 협력할 수 있는지 스스로 질문해 볼 수 있도록 돕는다. 어떻게 하면 우리의 자랑스러운 점을 지키면서, 불만사항을 해결하고, 우리의 희망 사항을 성취하고, 새로운 문제들을 피할 수 있을까?

각각의 매트릭스 칸의 주제는 참가자들에게 논의가 더 필요한 주제들이 무엇인지 인식하게 한다. 예를 들어, 어떤 동일한 생각이 자랑스러운 점과 불만사항이라는 두 개의 칸에 모두 기록되었다면, 이는 모든 이해당사자가 그 생각에 대해 추가로 논의하고 그 생각을 좀 더 분명히 규명해야 할 필요가 있다는 사실을 의미한다.

온라인 자료

미국 국내 몇몇 기관들이 도시계획, 교육, 문화와 인종 다양성과 같은 특정한 주제들에 대한 대화 지침서를 발행하고 있다. 이러한 기관의 인터넷 홈페이지를 통해 대화를 준비하고 진행하는 법에 대한 다양한 추가 자료들을 무료로 받을 수 있다.

대중 대화 프로젝트 Public Conversation Project

www.publicconversations.org

대중 대화 프로젝트의 목적은 상호 이해, 존중, 신뢰를 이끌어내는 의사소통방법을 발전시키는 것이다. 이 단체는 대화, 회의, 그리고 컨퍼런스를 소집하고, 설계하고, 진행한다. 또한, 관련된 기술을 습득하기 위한 패키지 훈련 또는 맞춤 훈련 프로그램도 제공한다.

학습자료센터 Study Circle Resource Center

www.studycircles.org

학습자료 센터는 지역공동체가 공동체의 변화를 지원하고 강화하기 위해 다양성을 가진 대규모 대화를 조직할 수 있는 역량을 개발할 수 있도록 돕는 국가 기관이다. 스터디 써클은 동네, 도시, 마을, 지역, 주와 함께 일하고 그들이 논의하고자 하는 인종과 민족적 측면에 각별한 관심을 쏟는다.

대화와 숙고에 대한 국가 연합체 National Coalition on Dialogue and Deliberation

www.thataway.org

이 연합체의 사명은 사회에 도움이 되도록 토론의 힘을 널리 알리는 방법으로 사람들과 기관들을 지원하고 그들을 한데 모으는 것이다. 이 단체는 사회 기관들이 겪는 문제들, 그리고 진실한 대화, 질 높은 사고, 협동을 통해 사회적 문제들을 해결하는데 헌신적인 사람들에게 자원과 네트워크 그리고 다양한 프로그램을 제공한다. 이 단체의 웹사이트는 최근 생겨난 분야의 실천가들과 학자들에게 인기가 있으며 대화와 숙고에 관한 광범위한 자원, 뉴스, 행사, 기회들을 모아놓았다.

아메리카스피크스 AmericaSpeaks

www.americaspeaks.org

아메리카 스피크스는 공공 의사 결정에 혁신적이며 시민들의 강한 목소리를 낼 기회를 제공하는 혁신적이고 전략적인 도구이다. 이 기관은 시민 참여와 전략적 기획에 대해 컨설팅을 제공한다. 하지만 가장 잘 알려진 프로그램은 21세기 마을 회의Town Meeting이다. 이 회의에서 수백 또는 수천 명의 사람이 - 가끔은 물리적으로 떨어진 장소에서도 - 공통의 결론과 행동을 취하기 위한 우선순위를 신속하고 투명하게 요약하는 과정에서 그들의 관점을 표현할 수 있다. 아메리카 스피크스의 활동이 도시의 사람들과 선출된 공직자들을 서로 연결하는 데 집중을 해왔지만, 이러한 과정을 민간기업, 비영리, 국제기관에 사용해 오기도 했다.

▣ 정의와 평화 실천 시리즈